Gekrönte Häupter

Marianne Menzel

Gekrönte Häupter

Die deutschen Kaiser
von Karl dem Großen bis Wilhelm II.

PARKLAND

Inhalt

Einleitung 6
Karl I. der Große 16
Ludwig I. der Fromme 22
Lothar I. 26
Ludwig II. der Deutsche 28
Ludwig II. 30
Karl II. der Kahle 31
Karl III. der Dicke 34
Arnulf von Kärnten 37
Ludwig III. das Kind 40
Konrad I. 41
Heinrich I. der Vogler 43
Otto I. der Große 46
Otto II. 50
Otto III. 53
Heinrich II. der Heilige 56
Konrad II. 59
Heinrich III. 62
Heinrich IV. 65
Heinrich V. 71
Lothar III. von Supplinburg 73
Konrad III. 75
Friedrich I. Barbarossa 78
Heinrich VI. 82
Philipp von Schwaben 84
Otto IV. 86
Friedrich II. 89
Heinrich (VII.) 94
Konrad IV. 96
Rudolf I. von Habsburg 100
Adolf von Nassau 103

Albrecht I.	105
Heinrich VII. von Luxemburg	108
Ludwig IV. der Bayer	110
Karl IV.	114
Wenzel	117
Ruprecht I. von der Pfalz	119
Sigismund	121
Albrecht II.	124
Friedrich III.	126
Maximilian I.	129
Karl V.	133
Ferdinand I.	139
Maximilian II.	142
Rudolf II.	144
Matthias	146
Ferdinand II.	148
Ferdinand III.	151
Leopold I.	154
Josef I.	158
Karl VI.	160
Karl VII. Albrecht	164
Franz I. Stefan	166
Josef II.	170
Leopold II.	172
Franz II.	174
Ferdinand I. von Österreich	177
Franz Josef I.	179
Karl I.	182
Wilhelm I.	184
Friedrich III.	188
Wilhelm II.	189

Einleitung

»Kaiser, König, Edelmann …«, der alte Kindervers zeigt deutlich, wer in der Hierarchie ganz oben steht. Noch heute hat der majestätische Titel einen mythischen Klang, denn rund tausend Jahre, mit Unterbrechungen, herrschten Kaiser im Heiligen Römischen Reich Deutscher Nation in Europa.

Kaiser – »Cäsar« – war die Bezeichnung für den Beherrscher des römischen Reiches seit Gaius Julius Cäsar (100 v. Chr.–44 v. Chr.), entstanden aus dem zum Würdenamen umgewandelten lateinischen Familiennamen Cäsars. Andere römische Titel waren »Imperator«, womit sich Oktavian (63 v. Chr. –14 n. Chr.) seit 29 v. Chr. an Stelle des Vornamens anreden ließ, und »Augustus«. Bei Oktavians Nachfolgern wurden die Titel *Caesar, Augustus* und *imperator* erblich, seit Hadrian (76–138) hießen auch die Thronfolger *Cäsar*. Die kaiserliche Gewalt wurde vom römischen Senat übertragen, war jedoch zunächst nicht unteilbar. Noch Kaiser Konstantin zählte neben sich fünf *augusti*, erst 324 wurde er Alleinherrscher.

Nach der Niederlage des weströmischen Reiches gegen die Truppen des germanischen Heerführers Odoaker 476 betrachteten sich die oströmischen Herrscher in Byzanz als Kaiser des ganzen ehemaligen römischen Reiches. Ausgerechnet mit dem Fall Roms ging der universale Charakter des Reiches auf das oströmische Kaisertum über. Justinian I. (527–565) versuchte, diesem Anspruch noch einmal Realität zu verleihen, für ihn waren germanische Könige wie Odoaker oder Theoderich nur eine Art Unterkönige Ostroms. Nachdem jedoch die oströmischen Kaiser Rom und das Papsttum nicht mehr

---

HEILIGES RÖMISCHES REICH

Entstanden war das Heilige Römische Reich aus dem Versuch, nach dem Untergang des weströmischen (476) und dem Verfall des oströmischen Reiches die unabhängigen Staaten, die vorwiegend im Gebiet des heutigen Deutschland und Frankreich und in Oberitalien entstanden waren, unter einer Krone zu vereinen. Zunächst hatte das Papsttum in Rom die Erneuerung eines weströmischen Reiches angestrebt, sogar mit dem Gedanken, die Führung zu übernehmen. Karl dem Großen gelang dann 800 die Gründung des neuen Imperiums. Die Bezeichnung wechselte: So hieß es im 11. Jahrhundert *Römisches Reich,* im 12. Jahrhundert auch *Heiliges Reich,* im 13. Jahrhundert dann *Heiliges Römisches Reich,* ab dem 15. Jahrhundert mit dem Zusatz »deutscher Nation«.

unterstützen konnten, übertrugen die römischen Bischöfe das Recht auf Karl Martell (um 688–741) und seine Nachfolger im fränkischen Reich. Als sich Karl der Große Weihnachten 800 von Papst Leo III. in Rom zum Kaiser krönen ließ, wollte er seiner Herrschaft eine höhere Weihe geben. Er erfüllte den alten Titel Kaiser mit neuem Inhalt, indem er sich als Herrscher eines Reiches betrachtete, das alle Christen zusammenfasste. Die Zeremonie, wie auch die folgende Akklamation, wurde zum Vorbild für die späteren Krönungen. Obwohl die mit der Kaiserwürde verbundenen Rechte nicht klar formuliert waren, verband sich für die Zeitgenossen das Kaisertum mit der Idee eines geeinten christlichen Reiches, dessen Herrscher von Gott beauftragt war.

Oben: Das römische Reich um 300, geteilt zwischen Rom und Byzanz.

Linke Seite: Römische Münze mit dem Bildnis Karls des Großen.

EINLEITUNG

> **GUT GEFÄLSCHT?**
> Fälschungen sind keine Erfindung moderner Geheimdienste: Von 196 aus der Zeit Karls des Großen überkommenen Urkunden sind fast die Hälfte gefälscht. Eine der politisch folgenreichsten Fälschungen war die Konstantinische Schenkung. Wohl von römischen Geistlichen im 8. Jahrhundert fabriziert, schenkte Konstantin der Große mit diesem »Dokument« dem Papst Rom und das ganze Abendland dazu. Die Fälschung wurde erst im 15. Jahrhundert bewiesen. Der Habsburger Herzog Rudolf IV. förderte 1359 ein Dokument zu Tage, das die Habsburger über alle anderen Dynastien stellte – eine klare Fälschung. In vielen Klöstern waren begabte Schreiber mit Fälschungen beschäftigt, die den Grundbesitz des Klosters bestätigen sollten. Die Obrigkeit bemühte sich um eine gewisse Kontrolle, zumeist vergeblich.

Friedrich II. gewährt der Stadt Asti Privilegien.

Das Wort Kaiser ist eines der ältesten germanischen Lehnwörter aus der lateinischen Sprache. Die romanische Welt übernahm den entsprechenden Titel *empereur* von *imperator*. Das Wort König dagegen stammt aus dem Germanischen. Es bezeichnet die höchste Herrscherwürde unter dem Kaiser.

Der Kaiser wurde zur entscheidenden Integrationsfigur für den Zusammenhalt des Reiches, er war auch Programm gegen die nichtchristliche Welt. Der magische Glanz der Krone zeugte dazu vom Gottesgnadentum, denn der Kaiser als Gesalbter des Herrn bündelte nicht nur die Herrschaftsrechte, er galt auch als Gesalbter des Herrn und Stellvertreter Christi. Das neue Staatsgebilde nannte sich Römisches Reich Deutscher Nation – so im Kaisertitel Karls des Großen, den Zusatz »heilig« erhielt es unter Kaiser Friedrich I. Es hatte anfangs seine Machtzentren vor allem im westlichen Deutschland und im östlichen Frankreich – mit dem alten römischen Reich, von Teilen Italiens abgesehen, gab es kaum einen geographischen Zusammenhang.

Unter den Nachfolgern Karls des Großen sank die Bedeutung des neuen Kaisertitels. Ludwig der Fromme soll sich 813 in Aachen auf Karls Geheiß die Kaiserkrone selbst aufs Haupt gesetzt haben; er vererbte sie Sohn und Enkel ohne Mitwirkung der Päpste. Seit Karl dem Kahlen wurde es jedoch üblich, die Kaiserkrone nur in Rom und aus der Hand des Papstes zu empfangen. Titel und Krone waren ein Pfand im politischen Machtkampf, und bald gingen die Kaiser dazu über, ihre minderjährigen Söhne zu Mitkönigen und Mitkaisern krönen zu lassen. Um Macht ging es aber auch zwischen dem Kaiser und dem Papst, der mehr als einmal auf die Hilfe des Kaisers angewiesen war. Immer wieder wurde verhandelt, wurden Rechte bestätigt und widerrufen, Versprechen gegeben und nicht gehalten.

Seit Otto I. und Konrad II. war der Kaisertitel zu einer Art Rechtsanspruch der deutschen Fürsten geworden. Otto I. hatte 951 große Teile Italiens erworben, Konrad II. dann 1032 Burgund. Die kaiserliche Macht gipfelte unter Heinrich III., anerkannt von allen benachbarten Fürsten und von willfährigen Päpsten. Als Papst Gregor VII. jedoch auf dem Vorrang der geistlichen Autorität auch in weltlichen Fragen beharrte und Heinrich IV. die Kaiserkrönung verweigerte, kam es 1077 zum berühmten Bußgang des gebannten Kaisers nach Canossa. Friedrich I. Barbarossa versuchte, die kaiserliche Machtfülle wiederherzustellen, doch seine Vereinbarungen mit dem Papst blieben teilweise Theorie, zumal er im Kampf gegen die lombardischen Städte und den Kirchenstaat unterlag.

EINLEITUNG

Vorherige Seite: Friedrich I. Barbarossa trifft Papst Alexander III., den Nachfolger Hadrians IV., in Ancona.

Maximilian I. – Idealbildnis von Peter Paul Rubens.

Papst Hadrian hatte Barbarossa erklärt, die kaiserliche Würde sei nur ein beneficium, ein Lehen von des Papstes Gnaden. Die politische Theorie des 12. Jahrhunderts erklärte, dass der Papst als Stellvertreter Christi zwei Schwerter zu führen habe, Symbol für die geistliche wie für die weltliche Macht auf Erden. So lehrten es bereits die 27 päpstlichen Leitsätze Gregors VII. aus dem Jahre 1075, die unter der Bezeichnung »Dictatus papae« ihre kirchenrechtliche Bedeutung erlangten. Die weltliche Macht wurde demnach nur von der Kirche auf den Kaiser übertragen.

Vor allem seit dem Untergang Friedrichs II. – er starb 1250 – verlor das Kaisertum an realer Bedeutung, blieb jedoch wichtig als Ideal und politischer Faktor. Aber auch das Ansehen der Päpste sank durch römische Intrigen und Doppelwahlen, die dann zum »babylonischen Exil« der Päpste in Avignon führten. Seit dem Ende des 12. Jahrhunderts kristallisierten sich aus den Fürsten des Reiches, die berechtigt waren, an der Wahl des Königs teilzunehmen, die späteren Kurfürsten heraus. Die Mitsprache des Papstes bei der Kür war schon lange umstritten. 1338 erklärten die deutschen Kurfürsten unter Ludwig dem Bayern, dass der durch ihre Mehrheit gewählte Herrscher keiner Bestätigung durch den Papst bedürfe; Rang und Titel würden nur durch diese Wahl verliehen.

In seiner Goldenen Bulle von 1356 vermied Kaiser Karl IV. jeden Hinweis auf eine Mitwirkung des Papstes bei der Kaiserwahl. Es blieb allerdings weiter bei der Kaiserkrönung in Rom. Erst Maximilian I. nahm 1508 den Kaisertitel in Trient an, seine Nachfolger nannten sich unmittelbar nach der Königskrönung in Aachen oder Frankfurt am Main »Kaiser« – nur ein Kaiser wurde noch vom Papst gekrönt, allerdings in Bologna – Karl V. im Jahr 1530.

Die Kaiser standen nun dem Papst auch formal ebenbürtig gegenüber. Von nun an blieb die Kaiserkrone, mit nur einer Ausnahme, im Besitz der Habsburger Dynastie. Nach den napoleonischen Kriegen und der Erklärung Napoleons, dass die

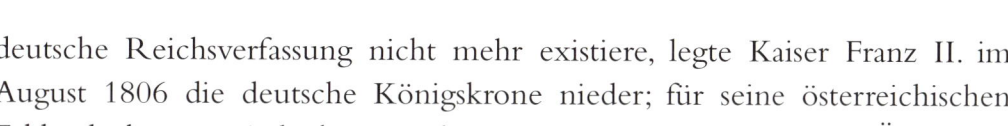

EINLEITUNG

deutsche Reichsverfassung nicht mehr existiere, legte Kaiser Franz II. im August 1806 die deutsche Königskrone nieder; für seine österreichischen Erblande hatte er jedoch 1804 den Kaisertitel als Franz I. von Österreich angenommen, dem Beispiel Napoleons folgend, der sich selber zum Kaiser der Franzosen gekrönt hatte. Das Heilige Römische Reich Deutscher Nation war Geschichte geworden.

Erst nach dem deutsch-französischen Krieg 1870/71 kam es zur Wiederherstellung eines deutschen Kaiserreiches, als Bundesstaat mit repräsentativer Verfassung. Die deutschen Fürsten trugen dem preußischen König Wilhelm I. von Hohenzollern die erbliche Kaiserwürde an. Feierlich wurde der neue Kaiser in Versailles proklamiert. Das neue Kaisertum hatte mit dem alten allerdings nur den Namen gemein, denn der Kaiser war nicht mehr der unmittelbare Herrscher über alle Deutschen. Er war den Fürsten zwar übergeordnet, doch nicht ihr Lehnsherr, mit genau definierten Rechten wie dem Oberbefehl über Heer und Marine oder der Befugnis zur Ernennung der Reichsbeamten.

Die Krone als Zeichen der Herrscherwürde, abgeleitet von dem lateinischen *corona* – »Kranz« – gibt es seit urältesten Zeiten, ihr wurden immer auch magische Kräfte zugeschrieben. Schon Salomo soll eine Krone getragen haben, die Götter des alten Orients trugen Hörnerkronen oder helmartige, mit Hörnern besetzte Mützen, Fürsten ein mit Rosetten verziertes Diadem – viele verschiedene Formen sind überliefert. Die Kaiserkrone entwickelte sich im späten Rom aus dem Siegeskranz aus Blättern und Blüten, der in Metall nachgebildet wurde. Die byzantinischen Kaiser trugen geschlossene Kronen mit Bügeln, auch die Kaiserkrone Karls des Großen hatte Bügel und an der Spitze einen kleinen Reichsapfel. Die eiserne Krone der Langobarden, ein schlichter, edelsteinbesetzter Reif, heute im Domschatz von Monza, entstand in der zweiten Hälfte des 9. Jahrhunderts wohl für die Mutter Berengars I. Nach einer Legende besteht der eiserne innere Reif aus einem Nagel vom Kreuz Christi. Aus der Legende wurde eine Tradition: Heinrich VII. ließ 1311 eine neue Krone aus poliertem Stahl anfertigen – bei der Krönung von Sigismund soll sie allerdings schon rostig gewesen sein.

Die Weltliche Schatzkammer in der Wiener Hofburg birgt die Reichskrone, bestehend aus acht Goldplatten, reich mit Emailarbeiten verziert und mit 240

KURFÜRSTEN

Seit der doppelten Königswahl 1198 bildete sich aus der Gruppe der Königswähler das Wahlkollegium der Kurfürsten. Kur kommt vom mittelhochdeutschen »kiesen«, was prüfen und wählen heißt. Wie es im Sachsen- und Schwabenspiegel festgehalten ist, waren der Erzbischof von Trier sowie die von Mainz und Köln, dazu die Pfalzgrafen bei Rhein, der Herzog von Sachsen und der Markgraf von Brandenburg wahlberechtigt. Bei der nächsten Doppelwahl war auch der König von Böhmen dabei. Nach den Hussitenkriegen ruhte die böhmische Kurwürde, die pfälzische ging 1623 zeitweilig an Bayern, vorübergehend gab es auch neun Kurfürsten. Die Zahl 7 stand dann fest, wie es auch Papst Urban IV. 1263 vorgeschlagen hatte. Rechtsverbindlich festgelegt wurde das Wahlverfahren erst 1356 in der Goldenen Bulle Karls IV. Der Mainzer Erzbischof sollte das Gremium einberufen, er besaß auch die entscheidende Stimme. Wahlort war Frankfurt am Main, wo seit Maximilian II. die Kaiser des Heiligen Römischen Reiches Deutscher Nation auch gekrönt wurden. Jeder Kurfürst verwaltete eines der schon seit karolingischer Zeit traditionellen Erzämter des Reiches und hatte auch entscheidenden Einfluss auf die Politik. Die Erzämter waren mit der Kurwürde als Ehrenämter verbunden: Es gab den Erzkämmerer, den Erzmarschall, den Erzschenk, den Erztruchsess, den Erzkanzler, den Erzschatzmeister und den Erzbannherrn. Ein weiteres Erzamt blieb ohne Kurwürde: das des Erzjägermeisters.

Perlen und 120 Edelsteinen besetzt, überragt von Kreuz und Bügel. Sie wird in das Ende des 10. oder den Anfang des 11. Jahrhunderts datiert, daher ist nicht sicher, ob Konrad II. oder Otto I. der erste war, der sie in der langen Reihe bis zu Franz II. (Krönung 1792) trug. Das Reichskreuz wurde laut Inschrift von Konrad II. gestiftet, in ihm sind Stücke der heiligen Lanze und vom Kreuz Christi aufbewahrt, die wohl ein Geschenk des 1034 ermordeten byzantinischen Kaisers Romanos III. waren. Zu den Insignien gehört auch das Reichs- oder Mauritiusschwert mit dem Wappen Ottos IV., das wohl in Frankreich gefertigt wurde; auf der älteren Scheide sind die bisherigen 14 deutschen Könige in Goldreliefs dargestellt. Szepter, Reichsapfel, Stephansbursa und ein Evangeliar Karls des Großen gehören zu den Reichskleinodien, die man noch heute in Wien bewundern kann, ebenso wie die 1602 in Prag gefertigte Krone Rudolfs II., die nach 1804 zur österreichischen Kaiserkrone wurde. Szepter und Reichsapfel, mit Perlen und Edelsteinen geschmückt, ließ sein Nachfolger Matthias herstellen.

> **STEPHANSBURSA**
> Aus dem 9. Jahrhundert stammt die karolingische Goldschmiedearbeit in Gestalt einer Burse (Pilgertasche). Sie soll die blutgetränkte Erde vom Martyrium des heiligen Stephanus enthalten haben. Der Diakon Stephanus, der zur Zeit Jesu lebte, ist der erste Märtyrer der Kirche. Um 36/40 n. Chr. wurde er gesteinigt.

Linke Seite: Krone, Reichsapfel, Reichskreuz – die Insignien der kaiserlichen Macht.

Karl der Große soll im Petersdom in einem meergrünen Gewand gekrönt worden sein. Seit Heinrich VI. trugen die Kaiser den Ornat der normannischen Könige, der in Sizilien angefertigt worden war, in der Hofwerkstatt, die Roger II. (1095–1154) nach byzantinischem Vorbild mit meist arabischen Handwerkern gegründet hatte.

Goethe in der Campagna – das berühmte Gemälde von J. H. W. Tischbein.

Johann Wolfgang von Goethe hat die zeremonielle Verwendung der Reichsinsignien noch gesehen. Als Kind wohnte er in der Nähe des Frankfurter Doms. In »Dichtung und Wahrheit« beschreibt er die Krönungsfeierlichkeiten für Kaiser Josef II. im Jahr 1764: In einem bunten Gewimmel erschienen »die Wahlbotschafter sowie die Kurfürsten in Person, nach aufsteigender Ordnung, jeder in seinem prächtigen Staatswagen. Unmittelbar hinter Kur-Mainz kündigten zehn kaiserliche Läufer, einundvierzig Lakaien und acht Heiducken die Majestäten selbst an. Der prächtigste

EINLEITUNG

Staatswagen, auch im Rücken mit einem ganzen Spiegelglas versehen, mit Malerei, Lackierung, Schnitzwerk und Vergoldung ausgeziert, mit rotem gesticktem Samt obenher und inwendig bezogen, ließ uns ganz bequem Kaiser und König, die längst erwünschten Häupter, in all ihrer Herrlichkeit betrachten… Nun kamen auch die Reichsinsignien heran. Damit es aber auch hier nicht an hergebrachten Händeln fehlen möge, so mussten sie auf freiem Felde den halben Tag bis in die späte Nacht zubringen, wegen einer Territorial- oder Geleitsstreitigkeit zwischen Kur-Mainz und der Stadt«.

Neuer Jubel ertönte, als der Kaiser und sein Gefolge nach der Krönung wieder aus dem Dom traten und sich in den Römer begaben. »Endlich kamen auch die beiden Majestäten herauf. Vater und Sohn waren wie Menächmen überein gekleidet. *[In der Tradition des römischen Komödiendichters Plautus steht »Menächmen« als Bezeichnung für »Doppelgänger«; Anm. d. Red.]* Des Kaisers Hausornat von purpurfarbner Seide, mit Perlen und Steinen reich geziert, sowie Krone, Szepter und Reichsapfel fielen wohl in die Augen… sein treuherzig-würdiges Gesicht gab zugleich den Kaiser und den Vater zu erkennen. Der junge König hingegen schleppte sich in den ungeheuren Gewandstücken mit den Kleinodien Karls des Großen wie in einer Verkleidung einher.« Goethe beschreibt weiter, wie Kämmerer, Truchsess und Mundschenk traditionell ihrer Ämter walteten und der Tag mit Illumination und Feuerwerk festlich beendet wurde. Keiner in der feiernden Menge konnte ahnen, dass es mit der Pracht des Heiligen Römischen Reiches Deutscher Nation bald zu Ende gehen sollte.

Rechte Seite: Das Krönungsbankett für Joseph II. im Frankfurter Römersaal 1764, als spektakuläres Ereignis von Goethe überliefert.

Karl I. der Grosse

| * um 747 | 👑 768 | ✝ 800 | † 28.1.814 Aachen |

Eltern: Pippin III. & Bertrada, Tochter des Grafen Charibert von Laon

Als sein erster Sohn geboren wurde, war Pippin III. (714–768) als Hausmeier der eigentliche Herrscher über das Merowingerreich. 751 gelang es ihm, Papst Zacharias auf seine Seite zu ziehen, den letzten Merowingerkönig Childerich III. ins Kloster zu schicken, sich in Soissons zum neuen König ausrufen und von Bonifatius weihen zu lassen. Der angelsächsische Missionar Bonifatius (672–754) baute dann auch die fränkische Kirchenhierarchie auf.

Von der Jugend Karls wissen wir wenig, die Annalen erwähnen ihn zum ersten Mal, als er 753 den vor den Langobarden zu Pippin fliehenden Papst Stephan II. in der Schweiz abholt. Nach zwei Kriegszügen Pippins gegen die Langobarden wurde der Papst wieder Herr des Kirchenstaates und leistete dem König den Treueeid. Vielleicht begleitete Karl seinen Vater auf der ersten italienischen Expedition und 761 in den aquitanischen Krieg.

Karl wurde früh mit Himiltrude, einer fränkischen Edeldame verheiratet, die ihm einen Sohn, Pippin, der bucklig war und später einen Aufstand gegen den Vater anzettelte, und die Tochter Rothaid gebar. Karl ließ sich scheiden, um die Tochter des Langobardenkönigs Desiderius zu heiraten, die er jedoch bereits nach einem Jahr wieder verstieß. Aus der neuen Ehe mit Hildegard aus Schwaben stammten vier Söhne und sechs Töchter. Nach Hildegards Tod heiratete er Frastrada, die zwei Töchter zur Welt brachte, eine spätere Ehe mit Liutgard blieb kinderlos. Karl soll jedoch von anderen Frauen noch mindestens 18 weitere Kinder gehabt haben. Das Leben am Hof, auch das der unverheirateten Töchter Karls, muss von eher lockeren Sitten geprägt gewesen sein.

Alkuin, als Leiter der Aachener Hofschule (seit 781) ein einflussreicher Berater Karls, warnte einen seiner Schüler ausdrücklich vor den »gekrönten Tauben, die durch die Räume des Palastes flattern«. Der fromme Mönch Wettin sah Karl wegen seines Lebenswandels bereits im Fegefeuer schmoren. Dies hinderte später Kaiser Friedrich I. Barbarossa nicht, Karl als Leitbild für sein neues Reich heilig sprechen zu lassen.

Nach Pippins Tod 768 wurde das Reich nach fränkischem Erbrecht unter die beiden Söhne Karl und Karlmann geteilt. Die beiden Brüder hatten sich nie vertragen, nur Karlmanns früher Tod 771 verhinderte einen Bruderkrieg. Nun besaß Karl die ganze Macht. Karlmanns Witwe war mit den Kindern ins Exil zu König Desiderius in die Lombardei gegangen, der nun vom Papst die Königssalbung für Karlmanns Erben forderte. Da Hadrian I. zögerte, besetzte Desiderius Rom. Er hatte allerdings nicht mit der schnellen Reaktion Karls gerechnet, der mit seinem Heer über die Alpen kam, 774 Pavia einnahm, Desiderius und die Söhne Karlmanns ins Kloster schickte und sich selbst zum König der Langobarden krönte.

769 vergrößerte Karl das Reich durch die Unterwerfung Aquitaniens und eroberte bis 778 die Spanische Mark bis zum Ebro. Dieser Feldzug wurde Karls einziger militärischer Fehlschlag. Er musste vor Saragossa zurückweichen, die gesamte Nachhut wurde in den Pyrenäen vernichtet.

Seit 772 wurden die ungebärdigen Sachsen im Osten unterworfen und christianisiert. Tausende wurden umgebracht, was Karl den Ruf eines »Sachsenschlächters« einbrachte. Das sächsische Heiligtum Irminsul wurde zerstört, die Aufstände hörten aber auch nach der Taufe ihres Anführers, des Westfalen Widukind (785), nicht auf. Sie fanden erst nach der Umsiedlung der Sachsen 804 ein Ende. Aus den kriegerischen Missionsstationen wurden nun Bistümer. Nicht ganz so blutig verlief die Eingliederung Bayerns in das Reich Karls des Großen. Herzog Thassilo III. wurde 788 abgesetzt und mit seiner ganzen Familie ins Kloster gesteckt. Jetzt musste Karl jedoch die südöstlichen Grenzen sichern. Bald kam es zu neuen Kämpfen mit Awaren, Böhmen und Sorben. Die Awaren wurden erst 811, allerdings vernichtend, geschlagen.

Die meiste Zeit seiner Regierung hat Karl mit Kriegen verbracht, erst spät überließ er diese Aufgabe seinen Söhnen. Alljährlich im Frühjahr, wenn sich die Edlen des Reiches versammelten und Gesetze zu verkünden waren,

KARL UND SEIN TREUER ROLAND

Karl war der einzige Kaiser, der noch zu Lebzeiten »der Große« genannt wurde. Sagen und Heldenlieder hielten das Gedenken an sein Leben wach. Das berühmteste war das Rolandslied, das vom Tod des treuen bretonischen Grafen Roland in Roncesvalles (frz. Roncevaux) in den Pyrenäen 778 berichtet. Beim Rückzug aus dem Spanienfeldzug wurde er von den Basken geschlagen, die – damals politisch aktueller – in dem 4000 Verse langen Heldenepos zu Sarazenen wurden. Um 1100 wohl von dem normannischen Troubadour Turold geschrieben, wurde das Rolandslied eines der beliebtesten Werke der mittelalterlichen Literatur. Legendär wurden auch Rolands Schwert Durandal und das Horn, mit dem er um Hilfe gerufen hatte.

KARL I. DER GROSSE

wurde das Heer zusammengerufen. Alle Vasallen und begüterten Freien waren zum Kriegsdienst verpflichtet, wer nicht genug Vermögen hatte, musste sich nach einem genau festgelegten System mit anderen zusammentun und gemeinsam einen Soldaten stellen. Dieser fast ständige Einsatz ruinierte viele, vor allem die freien Bauern. Sold gab es keinen, Kleidung und Proviant für drei Monate mussten mitgebracht werden, ebenso die Waffen. Nur die Reichen besaßen ein Pferd, das Fußvolk musste mit Lanze, Schild und einem Bogen mit 12 Pfeilen ausgestattet sein. Fränkische Panzerhemden und Schwerter waren übrigens berühmt und berüchtigt, denn schon damals gab es Waffenschmuggel.

Auf den umstrittenen Papst Leo III. war 799 ein Attentat verübt worden. Er wurde nach Spoleto gebracht und kam dann nach Paderborn, um bei Karl Hilfe zu suchen. Karl setzte den Papst wieder ein und machte sich dann selbst auf den Weg nach Rom. Weihnachten 800 wurde er im Petersdom zum Kaiser gekrönt.

Überrascht war der so Geehrte sicher nicht, wie sein Biograph Einhard behauptet, doch wollte er offenbar ein vom Papst unabhängiges, nicht zuerst sakral legitimiertes Kaisertum. Deswegen setzte er wohl bewusst ein Zeichen, als er seinen Sohn später selbst in Aachen krönte. Zwei Jahre nach seiner Krönung durch Leo III. ließ Karl alle Edlen des Frankenreiches auf den Kaiser, das *nomen caesaris,* vereidigen. Byzanz sah sich durch den neuen Kaiser in seinem universalen Anspruch angegriffen, doch im Tausch gegen Venetien gewann Karl 812 die Anerkennung Ostroms. So gelang es auch dem Papsttum, sich von Byzanz zu befreien.

Karl der Große hat den Zerfall der römischen Welt und die Zeit der Völkerwanderung endgültig überwunden. Entschlossen, die Grenzen seines Landes zu erweitern, hat er seine Chancen genutzt und den ersten Grundstein zu einem geeinten Europa gelegt. Das Netz seiner diplomatischen Beziehungen reichte weit, bis Byzanz, Galizien, Schottland und Bagdad. Als Karl seinen Gesandten, den Juden Isaak, zu Verhandlungen über ein Bündnis gegen Byzanz zum Kalifen Harun al-Raschid in den Orient schickte, kehrte der 802 mit einem indischen Elefanten als Geschenk zurück. Die Reise hatte fünf Jahre gedauert, aber das Tier lebte und begleitete, viel bestaunt, den Kaiser acht Jahre lang auf seinen Reisen.

KARL I. DER GROSSE

Karl bemühte sich um Vereinheitlichung und Neuordnung der Verwaltung und des Rechtswesens. Dank eines Botensystems kontrollierte er die Gerichte und ließ auch feststellen, ob alle ihren Eid geschworen hatten. Kriegsdienst war die einzige wirkliche Pflicht, Streitfälle konnten auch legal mit der Waffe entschieden werden. In einer St. Galler Chronik über die Schlacht bei Pavia wird Karl als »Riese von Eisen« beschrieben, sicher ist, dass er eine gebieterische Statur hatte. Er liebte es, zu schwimmen, zu jagen und zu reiten. Karl muss auch musikalisch gewesen sein, denn er ließ alte fränkische Lieder sammeln, sogar eine Orgel, Geschenk des oströmischen Kaisers, gab es am Hof.

Die Krönung Karls des Großen

Der Kalif Harun al-Raschid empfängt die Gesandtschaft Karls des Großen.

Obwohl nicht sicher ist, ob Karl lesen und schreiben konnte, war er ein großer Förderer von Kunst und Kultur. An seinen Hof in Aachen zog er berühmte Gelehrte wie Petrus von Pisa, Paulus Diaconus und Alkuin. Ihnen ist es zu verdanken, dass die Bildungstradition der Antike und der Kirchenväter lebendig blieb. Ausdrücklich verlangte Karl, dass Manuskripte sorgfältigst zu kopieren seien – das Abschreiben wurde wie das Gebet eine Pflicht der karolingischen Mönche. Der Rückgriff auf die großen Werke der Antike sollte den Niedergang der Bildung beheben und leitete die karolingische Renaissance ein. Die durch Karl reformierte Schrift, die karolingische Minuskel, ist noch heute die Grundlage unserer Schrift.

Der Angelsachse Alkuin lobte die Weisheit als höchste Tugend des Kaisers, der Ostfranke Einhard pries, dass Karl das Reich »verteidigt, gemehrt und verschönt« habe, und berichtete dann weiter: »Er begann auch zahlreiche Bauwerke, die dem Königreich zur Zierde und zum Nutzen gereichten; einige

KARL I. DER GROSSE

vollendete er auch.« Dazu gehörten »die Rheinbrücke bei Mainz, die fünfhundert Schritt lang war« sowie die Pfalzen in Ingelheim und Nimwegen. Der Versuch, einen Kanal zwischen Rhein, Main und Donau zu graben, scheiterte allerdings.

Karl, der sein ganzes Leben lang von einem Krongut zum anderen gezogen war, verbrachte seine letzten Jahre vorwiegend in Aachen. Wegen seines Rheumas schätzte er die heißen Quellen, und hier konnte er zusehen, wie die Pfalzkapelle des Doms entstand, ein Oktogon nach dem Vorbild von San Vitale in Ravenna.

*Kunst und religiöse Kultur:
Das Evangeliar Karls des Großen.*

21

Ludwig I. der Fromme

* 778 Chasseneuil 👑 811  813 † 20.6.840 Ingelheim
Eltern: Karl I. der Große & Hildegard aus Schwaben

Ludwigs Mutter Hildegard hatte Zwillinge geboren, von denen nur Ludwig überlebte. Vater Karl nahm das dreijährige Kind 781 mit auf seinen Feldzug nach Italien und ließ es in Rom von Papst Hadrian I. zum König krönen. Dann wurde Ludwig, mit Lehrern und einem Regentschaftsrat ausgestattet, in sein Königreich im Süden Frankreichs geschickt. 794 heiratete er Irmingard von Metz. Solange Karl lebte, kümmerte er sich selbst um die Regierungsgeschäfte in Aquitanien und überließ die kriegerischen Auseinandersetzungen seinem Vetter, dem Grafen Wilhelm von Toulouse. Freie Hand hatte Ludwig nur in kirchlichen Belangen, und so widmete er sich gemeinsam mit dem Abt Benedikt von Aniane engagiert der Reform der Klöster.

Nach fränkischem Recht hätte das Reich Karls des Großen unter seinen legitimen Söhnen geteilt werden müssen. Karl entschied jedoch 806, dass Karl, der älteste seiner Söhne, den größten Teil und die Kaiserwürde erhalten sollte, doch Karl starb 810; Pippin, der zweite Sohn, seit 781 König von Italien, folgte ihm nur ein Jahr später. Kurz vor seinem Tod machte Karl schließlich Ludwig zum Mitregenten und krönte ihn 813 in Aachen selbst zum Kaiser. Vom Erbe ausgenommen hatte er jedoch Italien, für das er seinen Enkel Bernhard vorsah.

LUDWIG I. DER FROMME

Nach Karls Tod übernahm Ludwig die Regierung eher zögernd. Gebildet, aber unsicher und beeinflussbar, zwischen Sinneslust und mönchischer Askese schwankend, bemühte er sich um eine Reform von Reich und Kirche. Auch machte er Schluss mit den lockeren Sitten am Hof seines Vaters. 816 kam es in Reims zum Treffen mit dem neuen Papst Stephan IV., der Ludwig und Irmingard nochmals krönte. Der Papst hatte dafür eigens eine Krone mitgebracht, die angeblich von Kaiser Konstantin stammte. Man einigte sich in Reims auch auf einen Kompromiss zwischen römischer Autonomie und dem Machtanspruch der Karolinger.

Nach einer schweren Krankheit, vielleicht war es sogar ein Mordanschlag, entschloss sich Ludwig, seine Nachfolge zu regeln. Während der Reichsversammlung 817 in Aachen krönte er seinen ältesten Sohn Lothar zum Mitregenten und -kaiser. Der würde somit bei der Nachfolge den jüngeren Brüdern – Pippin, der Aquitanien, und Ludwig, der Bayern erhalten sollte – übergeordnet sein. Ludwig wollte damit einer neuen Zersplitterung vorbeugen. Wie seine Berater Benedikt von Aniane und Agobart von Lyon war er von der Idee der göttlichen Einheit fasziniert und von dem Gedanken durchdrungen, dass ein durch die Gnade Gottes empfangenes Reich nicht durch menschliche Erbregelung zerteilt werden dürfe. Auch der Adel war im Prinzip daran interessiert, das Reich nicht zu spalten, doch war nun eine neue Hierarchie entstanden, die manche auch als ungerecht empfanden. Ludwigs Neffe Bernhard, der König von Italien, widersetzte sich. Seine Rebellion brach jedoch zusammen, noch bevor der Kaiser die Alpen überquert hatte. Bernhard wurde grausam bestraft: Als er sich gegen seine Blendung zu wehren versuchte, erlitt er schwere Verletzungen, an denen er bald darauf starb. Ludwig nutzte die Gelegenheit und ging hart gegen seine Halbbrüder Drogo, Hugo und Theoderich vor. Als wenig später Ludwigs Frau starb, wurde der König unsicher und bereute seine Strafaktionen. 821 starb auch Benedikt, der die Klöster reformiert und – ohne den Papst zu informieren – die Benediktinerregel verbindlich eingeführt hatte. Die neuen Berater des Königs, Adalhard und Wala, Vettern Karls des Großen, hatten keine Skrupel, Ludwig in Attigny (822) ein öffentliches »Sündenbekenntnis« ablegen zu lassen. Drogo wurde Bischof von Metz, Hugo königlicher Berater, Wala später Regent für Ludwigs Sohn Lothar in Italien.

818 hatte Ludwig mit seinem Sohn die Bretonen unterworfen. Eine größere Gefahr waren aber die Normannen in Frankreich. Friesland war wegen

SARAZENEN

Christliche Schriftsteller hatten den Arabern bzw. Muslimen den Namen Sarazenen gegeben, zunächst den aus dem nordwestlichen Arabien stammenden, nach der Entstehung des Kalifats allen Muslimen. Während der Kreuzzüge nannte man auch die türkischen Seldschuken Sarazenen. Der ganze Süden Italiens war lange in sarazenischem Besitz. 841 war ein Sultanat in Bari gegründet worden, wenig später verwüsteten die Sarazenen Rom und raubten die Peterskirche aus. 889 eroberten sie Fraxinetum bei St. Tropez und kontrollierten von dort aus die Alpenpässe. 947 kamen die Sarazenen bei ihren Plünderzügen bis St. Gallen. 902 fiel Taormina, der letzte byzantinische Stützpunkt in Sizilien.

LUDWIG I. DER FROMME

Die Krönung Ludwigs des Frommen durch Papst Stefan IV. in Reims.

der ständigen Wikingereinfälle kaum noch unter Kontrolle. In Spanien waren die Sarazenen bis weit über den Ebro vorgedrungen und es kam zu mehreren Gefechten mit dem Emir von Cordoba.

Mehr Erfolg hatte Erzbischof Ebo von Reims bei seiner Missionierung der Dänen, 826 ließ sich König Harald mit seiner ganzen Familie in Mainz taufen. 831 wurde Ansgar erster Erzbischof von Hamburg, um die Missionierung weiter voran zu treiben.

Nach dem Tod seiner Frau Irmingard suchte – und fand – Ludwig 819 eine der Schönsten im Lande, Judith aus dem Haus der Welfen. Den Sohn Lothar schickte er nach Italien, wo Papst Paschalis 823 die Krönung wiederholte. Inzwischen war der Kaiser wieder Vater geworden. Die intelligente und ehrgeizige Judith bestimmte den Halbbruder Lothar zum Paten ihres Sohnes, der später als Karl der Kahle den Kaiserthron besteigen sollte. Sie traf diese Entscheidung in der Absicht, künftige Erbstreitigkeiten zu vermeiden, zu denen es dann aber unweigerlich dennoch kam.

Wala, inzwischen Abt von Corbie, legte 828 auf dem Reichstag in Aachen eine Denkschrift über die Missstände im Lande vor. Ludwig ließ einige der Klagen untersuchen, setzte sich aber über andere hinweg und erklärte im nächsten Jahr Judiths sechsjährigen Sohn Karl zum Erben eines neu geschaffenen Landes, das aus Alemannien, dem Elsass, sowie Teilen der Schweiz und Burgunds bestand. Bernhard von Barcelona, ein Vertrauter Judiths, der erfolgreich in Spanien gekämpft hatte, wurde zum Kämmerer ernannt.

Pippin I. von Aquitanien und Ludwig, der in Bayern regierte, rebellierten 817. Lothar, seit 825 Mitregent, hatte zunächst die offene Konfrontation gescheut, schloss sich dann aber den Brüdern an. Judith, die sich eine beträchtliche Hausmacht verschafft hatte, wurde in ein italienisches Kloster verbannt und des Ehebruchs sowie der Hexerei angeklagt. Der Kaiser regierte nur noch nominell in dem allgemeinen Chaos.

LUDWIG I. DER FROMME

Zwar gelangen ihm immer wieder halbe Siege, doch 833 erschien Lothar in Begleitung Papst Gregors IV., um den Vater abzusetzen. Auf dem »Lügenfeld« bei Kolmar verlor der Kaiser endgültig seine Anhänger. Lothar, der noch auf seine Brüder zählen konnte, schickte den Vater ins Kloster in Soissons, damit er dort der Macht entsagte. Zwar gestand Ludwig offiziell seine »Verbrechen« ein und legte die Insignien nieder, doch Lothar musste sich nach Italien zurückziehen, nachdem Ludwig der Bayer und Pippin von Aquitanien nun ihm den Krieg erklärten. Der Kaiser, 834 wieder eingesetzt, änderte umgehend die Thronfolge, doch es kam zu weiteren Konflikten, bis 839 nach Pippins Tod und unter Mitwirkung von Judith eine Aussöhnung mit Lothar und die Teilung des Reiches zwischen ihm und Karl dem Kahlen erfolgte. Ludwig schien einverstanden und zog in den Krieg gegen seinen Enkel Pippin II. von Aquitanien. Ludwig, der nur Bayern behalten hatte, blieb unzufrieden und suchte den Krieg mit dem Vater. Auf dem Feldzug gegen den Sohn starb Ludwig überraschend.

Das Konzept eines einheitlichen, unteilbaren, auf Gott beruhenden Frankenreiches ging an dem eigennützigen Machtstreben der großen Karolingerfamilie und sicher auch an organisatorischen Defiziten zugrunde. Die kaiserliche Autorität war beschädigt. Was von Ludwigs Zeit blieb, war die Struktur der Klöster und das Aufblühen der karolingischen Renaissance, zum Beispiel in Fulda mit seiner berühmten Klosterschule unter Hrabanus Maurus.

LOTHAR I.

* 795   814   840   † 29.9.855 Prüm
Eltern: Ludwig I. der Fromme & Irmingard von Metz

Der älteste Sohn Ludwigs I. hatte lange und nicht immer fair um seine Thronfolge gekämpft und übernahm nun ein Reich im Unfrieden. Beim Regierungsantritt seines Vaters hatte er Bayern übernommen, war 817 zum Mitkaiser gekrönt worden und sicherte dann die kaiserliche Herrschaft in Italien. Seit 822 mit Irmingard, der Tochter des Grafen von Tours, verheiratet, wurde er 823 von Papst Paschalis in Rom zum Mitkaiser gekrönt. Er machte sich jedoch bald zum Gegner der römischen Prälaten. Klug beraten von Wala, dem Abt von Bobbio und Vetter Karls des Großen, gelang es ihm jedoch später, in Verhandlungen mit Papst Eugen II. die Macht der Kaiser zu stärken und den päpstlichen Einfluss einzudämmen.

Als der kaiserliche Vater unter dem Einfluss seiner zweiten Frau Judith die Thronfolge zugunsten des jüngsten Sohnes Karl, später Karl der Kahle genannt, ändern wollte, kam es zu heftigen Erbfolgekriegen zwischen den Brüdern. 831 erzwang Lothar zwar die Wiedereinsetzung als Mitregent, doch konnte er sich auch nach der vorübergehenden Absetzung seines Vaters 833 nicht durchsetzen und ging wieder nach Italien, wo er sich eine gewisse Hausmacht aufgebaut hatte. Der andauernde Zwist im Herrscherhaus hatte das Land erheblich geschwächt. Während die Streitigkeiten andauerten, fielen die Araber in Italien ein, die Normannen zerstörten Hamburg und die Nordseeküste.

Nach dem Tod Ludwigs wurde Lothar I. 840 Kaiser des geteilten Reiches. 841 überquerte Karl die Seine, Ludwig den Rhein. Lothar hatte sich mit dem aquitanischen König Pippin II. verbündet, um die Brüder zu schlagen, erlitt

LOTHAR I.

jedoch 841 in der Schlacht von Fontenoy bei Auxerre eine vernichtende Niederlage. Der Tod vieler Edler, das erkannte schon ein zeitgenössischer Chronist, war ein Schlag für das Land. Lothar musste fliehen. Dass der Klerus diese Schlacht als Gottesurteil ansah, erzürnte den Kaiser nur noch mehr und er ließ in Sachsen Aufstände anzetteln – mit der Folge, dass die jüngeren Brüder sich noch stärker zusammenschlossen. 842 schworen sie sich in Straßburg Bündnistreue – das Dokument ist vor allem deshalb wichtig, weil hier erstmals in zwei Sprachen, Fränkisch (Althochdeutsch) und Romanisch (Altfranzösisch) beurkundet wird. Schließlich einigten sie sich 843 im Vertrag von Verdun mit Lothar auf eine Teilung des Reiches: Lothar erhielt Aquitanien und das Land von Italien bis zur Nordsee, Ludwig die östlichen Gebiete, der Halbbruder Karl der Kahle den Westen. Es gelang jedoch keinem der drei Herrscher, das zerfallende Reich wirklich zu befrieden. Lothar hatte seinem ältesten Sohn Ludwig II. Italien überlassen und regierte recht und schlecht von Aachen aus. Mit Karl verbündete er sich gegen die Normannen, musste aber 848 wieder nach Italien ziehen, um die Invasion der Sarazenen einzudämmen. Kurz vor seinem Tod teilte er sein Reich unter seine drei Söhne auf: Ludwig II. erhielt die Kaiserkrone und Italien, Lothar II. bekam das später nach ihm benannte Lothringen (»Lotharingen«), Karl wurde Burgund zugesprochen. Dann zog der Kaiser sich ins Kloster Prüm zurück und dankte ab. Aus dem Reich Karls des Großen waren fünf geographisch und politisch sehr verschiedene Königreiche geworden.

Lothar I. auf dem Thron, dahinter zwei Bewaffnete mit Lanze und Schwert.

Ludwig II. der Deutsche

* 804 ♛ 833/840 † 876 Frankfurt
Eltern: Ludwig I. der Fromme & Irmingard von Metz

Ludwig hatte als jüngerer Sohn Ludwigs I. im Jahre 817 Bayern erhalten. 827 heiratete er Hemma, die Schwester der Kaiserin Judith, seiner Stiefmutter. Hatte er sich beim ersten Aufstand gegen seinen Vater noch zurückgehalten, so war er an den späteren Erhebungen fast immer beteiligt. Obwohl ihm Bayern zeitweilig abgesprochen war, wollten ihn einige Stämme nach dem Tod des Kaisers als König. Ludwig lavierte sich mit wechselnden Bündnissen durch den dauernden Familienstreit und bekam im Vertrag von Verdun 843 das Gebiet von Bayern bis Sachsen zugesprochen. Es war kleiner als das westliche Reich und wenig besiedelt.

Mehrere Zusammenkünfte mit den Brüdern Lothar und Karl führten zwar nicht zu einem Miteinander, beendeten aber wenigstens die kriegerischen Auseinandersetzungen. Nachdem Lothar II., der Sohn Kaiser Lothars I., ohne legitime Erben gestorben war, brach Ludwigs Streit mit seinem Halbbruder Karl dem Kahlen von neuem aus. Als dann auch Ludwig II. starb, war Karl schneller, schnitt den Truppen Ludwigs des Deutschen (die von dessen Söhnen Karl »dem Dicken« und Karlmann befehligt wurden), den Vormarsch ab und drang in die Lombardei vor. Ludwig wiederum fiel darauf in Karls Reich ein.

Ludwig hatte Glück im Kampf gegen die dänischen Normannen. 852 sorgte ein Friedensabkommen für einige Jahre Ruhe im Norden. In Mähren war er allerdings nur bedingt erfolgreich. Nun wandte sich Aquitanien, unzufrieden mit Karl dem Kahlen, an Ludwig, mit der Bitte, die Regierung zu übernehmen. Ludwig schien nicht abgeneigt, war aber selber durch Kämpfe an der mährischen Grenze gebunden. Er schickte seinen Sohn Ludwig den Jüngeren, der 854 bis Limoges vorstieß. Karl wich aus, ließ aber den aquitanischen König Pippin II., den er gefangen hielt, frei. Pippin II. konnte dann seinen ostfränkischen Vetter Ludwig den Jüngeren schnell vertreiben.

858 zog Ludwig selbst nach Frankreich, vom unzufriedenen westfränkischen Adel gerufen. Er kam bis Orléans und ließ sich in der alten Merowingerpfalz Ponthion huldigen. Karl wich einem Kampf aus und floh nach Burgund. Ludwig sah sich schon am Ziel, doch nun setzte eine nationale Gegenbewegung ein, angeführt von Hinkmar von Reims. Ludwig trat unverrichteter Dinge den Rückzug an. 859 söhnten sich die Brüder auf einer Rheininsel bei Andernach und später im Frieden von Koblenz aus.

Von seiner Lieblingsresidenz Regensburg aus gelang es Ludwig, in seinem eigenen Land für eine gewisse Stabilität zu sorgen, allerdings musste er sich der ständigen Rebellion seiner Söhne, Ludwigs des Jüngeren und Karls des Dicken, erwehren. Karlmann wiederum hatte eigenmächtig und gegen den Willen des Vaters einen Pakt mit Mähren geschlossen. Bei Ludwigs Tod wurde sein Reich unter den Brüdern aufgeteilt.

Den Beinamen der Deutsche erhielt Ludwig schon zu Lebzeiten. Er taucht öfter in Urkunden auf – *Germania* war die Bezeichnung für die Gebiete östlich des Rheins. Und Ludwig herrschte hauptsächlich über Stämme germanischer Sprache. Auch förderte er die Übersetzung wichtiger christlicher Texte in die althochdeutsche Volkssprache. In seiner Regierungszeit erlebte die karolingische Renaissance ihre Hochblüte. Ludwig soll die Härte des Eisens mehr geliebt haben als den Glanz des Goldes. Einige Chronisten nennen ihn einen Verräter, andere einen politischen Agitator, als kühn und weise preist ihn Otfried von Weißenburg (um 800–870) in seinem althochdeutschen Evangelienepos. Otfried war ein Schüler des gelehrten Hrabanus Maurus, den Ludwig zum Erzbischof von Mainz ernannte.

LUDWIG II.

| * um 822 | 840 | 850 | † 12.8.875 bei Brescia |

Eltern: Lothar I. & Irmingard von Tours

Der älteste Sohn Lothars I., seit 840 Unterkönig von Italien, wurde 844 von Papst Sergius II. als König der Langobarden anerkannt und 850 von Leo IV. zum Mitkaiser gekrönt, musste sich aber nach dem Tod seines Vaters 855 auf die Herrschaft in Italien beschränken. Als »deutscher Kaiser« wird er daher von der Geschichte kaum wahrgenommen; im Gegenteil: Nicht ohne spöttischen Unterton hat man ihn den »sogenannten Kaiser Italiens« genannt.

Im karolingischen Familienkrieg war der Friede noch fern. 863 gewann er durch den Tod seines Bruders Karl die Provence und das burgundische Jura hinzu. Durch seine Heirat mit Angilberga von Parma 852 fühlte er sich mehr und mehr in Italien verwurzelt, hier konnte er, anders als in Burgund, seine Macht noch durchsetzen, trotz der immer unabhängiger werdenden langobardischen Herzöge. Ludwig unternahm mehrere Feldzüge gegen die autonomen Herzogtümer im Süden und bekämpfte, mit Hilfe der byzantinischen Flotte, erfolgreich die Sarazenen. Da er nur zwei Töchter hatte, war der Kaiserthron nach seinem Tod wieder frei.

Karl II. der Kahle

* 13.6.823 Frankfurt am Main  843  875
† 6.10.877 Avrieux

Eltern: Ludwig I. der Fromme & Judith aus dem Haus der Welfen

Die Historiker sind sich uneins, ob Karl wirklich kahlköpfig war oder ob er seinen Beinamen nur bekam, weil er als Sohn aus der zweiten Ehe Ludwigs I. zunächst kahl an Besitz, also ohne Land war. Karl wuchs am weltläufigen Hof seiner Mutter Judith auf und wurde von dem Reichenauer Mönch Wahlafried Strabo (808–849), einem der bedeutendsten Schriftsteller seiner Zeit, erzogen. Noch als kleines Kind erhielt er 829 – entgegen den bisherigen gesetzlichen Regelungen – Alemannien, das Elsass sowie Teile Rätiens und Burgunds. Diese Entscheidung führte zu endlosen Zwistigkeiten und Kriegen zwischen Karl und seinen Brüdern, doch keinem gelang es, sein schließlich 843 im Vertrag von Verdun bestimmtes Teilreich wirklich zu beherrschen.

842 hatte Karl Irmintrud, Tochter des Grafen von Orléans, geheiratet, die ihm eine Tochter und vier Söhne gebar. Da weder der Älteste, Ludwig der Stammler, noch Karl das Kind, Karlmann oder Lothar Anlass zu großen Hoffnungen gaben und die Tochter Judith für einen Skandal sorgte, indem sie sich nach zwei kurzen Ehen mit angelsächsischen Königen von dem Grafen Balduin I. entführen ließ, veranlasste Karl 866 die feierliche Krönung seiner Gattin in Soissons, verbunden mit den Gebeten für weitere, vor allem geeignetere Erben, die sich jedoch nicht einstellten. Die Kinder aus der zweiten Ehe mit Richilde, 870, ein Jahr nach dem Tod seiner ersten Frau geschlossen, starben früh.

KARL II. DER KAHLE

Karl der Kahle wird bei seiner Hochzeit mit der Forderung seines Bruders Ludwig auf Teilung des Reiches konfrontiert.

Als Karl König wurde, war das Land durch die Bruderkriege ausgeblutet. Er konnte sich nicht der Normannen erwehren, die immer weiter über den Rhein und die Loire vordrangen. 845 musste er ihren Abzug durch hohe Tributzahlungen erkaufen. Erst 863 kam ein Friedensvertrag zustande, nachdem es Robert dem Tapferen gelungen war, die Invasion zurückzudrängen. Die Normannen, seit dem 9. Jahrhundert in die Normandie eingewanderte Wikinger, zogen später weiter nach England und Sizilien. 845 unterlag Karl auch einem bretonischen Heer. Zweimal rief der unzufriedene westfränkische Adel seinen Halbbruder Ludwig den Deutschen ins Land. Schlimmeres konnte nur dank des taktischen Geschicks von Karls Kanzler Hinkmar, dem Erzbischof von Reims, verhindert werden. Aus der Not erwuchs aber auch ein westfränkisches Nationalbewusstsein. 859 schlossen die Brüder auf einer Rheininsel bei Andernach Frieden.

Trotzdem erhielt Karl beim Tod Kaiser Ludwigs II. 875 die Kaiserkrone, die Provence und das Königreich Italien. Unbeirrt von den internen Schwierigkeiten und dem in Italien unter dem Kommando der Söhne Ludwigs des Deutschen stehenden feindlichen Heer zog er schnell nach Rom, gewann Papst Johannes VIII. für sich und wurde Weihnachten 875 im Petersdom gekrönt. Im nächsten Jahr erkannten ihn auch die Langobarden als König an. 876 setzte Karl seinen Schwager Boso von Vienne als Statthalter in Pavia ein. Den Kampf gegen die Sarazenen überließ er den Grafen von Spoleto, um zunächst seine Macht im eigenen Land zu festigen. Er provozierte aber erst einmal nur neue Kritik des Adels, als er sich, im Bewusstsein seiner neuen Kaiserwürde, auf der Reichsversammlung in einem golddurchwirkten Gewand huldigen ließ.

Schon nach dem Tod des burgundischen Königs Lothar II. hatte Karl Lothringen besetzt, musste es jedoch 870 im Vertrag von Meerssen wieder abgeben. Nachdem Ludwig der Deutsche gestorben war, unternahm Karl einen neuen Eroberungs-Feldzug und drang bis Köln vor, wurde aber von Ludwigs Sohn, Ludwig dem Jüngeren, in der Schlacht von Andernach 876 vernichtend geschlagen. Gleichzeitig forderte der Papst verzweifelt Hilfe gegen die Sarazenen, die bereits bis Rom vorgedrungen waren und die Stadt plünderten. Widerstrebend setzte Karl 877 seinen Sohn Ludwig den Stammler zum Regenten ein, widerstrebend stimmte auch der Adel dem Feldzug nach Italien zu. Gleichzeitig zog aber auch Karls Neffe Karlmann mit einem sehr viel größeren Heer aus Bayern gen Italien. Von seinen Heerführern im Stich gelassen, floh Karl fast panikartig über die Alpen und starb in Savoyen, Gerüchte sprechen sogar von Giftmord.

Der letzte Enkel Karls des Großen war gescheitert. Sein einziger überlebender Sohn, Ludwig der Stammler, wurde zwar 877 in Compiègne zum König gekrönt, starb jedoch schon 879 nach erfolglosen Versuchen, die Macht zu erhalten.

Die Krönung Karls des Kahlen durch Papst Johannes VIII. in Rom.

Zwei Generationen der karolingischen Dynastie: Karl der Kahle mit Irmintrud (linkes Bild) und Ludwig der Stammler mit Adelheid.

Karl III. der Dicke

| *839 | 👑 877 | ✝ 881 | † 13.1.888 Neudingen |

Eltern: Ludwig II. der Deutsche & Hemma, Welfin

Karl erhielt seinen Beinamen »der Dicke« erst im 12. Jahrhundert. Der jüngste Sohn Ludwigs des Deutschen war ein krankes Kind. Obwohl er kaum regierungsfähig war, fiel ihm die Aufgabe zu, das wieder vereinte Reich Karls des Großen zu konsolidieren. Beim Tod seines Vaters hatte er nur das kleinste Erbteil – Alemannien, Rätien und das Elsass – erhalten, aber er erbte dann 879 von seinem Bruder Karlmann Italien, 882 von seinem Bruder Ludwig III. das ostfränkische Reich. 885 kam noch Westfranken hinzu. Leider waren weder seine Gesundheit so stabil noch seine Fähigkeiten so groß wie sein Glück, seine Verwandten zu beerben.

Zwölfmal überquerte Karl die Alpen. 880 in Ravenna von Papst Johannes VIII. zum König gekrönt, wurde ihm durch denselben Papst bereits im nächsten Jahr in Rom die Kaiserkrone aufgesetzt. Als neuen Kaiser hatte sich Johannes VIII. eigentlich seinen Adoptivsohn Boso von Vienne gewünscht. Doch Karl hatte seinen Schwager Boso gerade aus der Provence vertrieben, wo er nicht ganz rechtmäßig als König herrschte. Über Karls Krankheit ist nichts Näheres bekannt, es wird immer wieder über seine Anfälle und Phasen der Lethargie gerätselt; vielleicht war er Epileptiker. Schon damals konnte niemand erklären, warum Karl während des Feldzuges in der Provence sein Lager vor Vienne verbrannte und mitten in der Nacht alleine abzog.

KARL III. DER DICKE

Zurück in Deutschland ließ Karl sich in Bayern und in Worms als Kaiser des wieder mit Lothringen und Italien vereinten Ostfrankenreiches huldigen. Die Menschen waren jedoch verzweifelt, denn die Normannen waren im Winter brutal eingefallen und bis Köln und Trier vorgedrungen, in Aachen hatten sie den Dom Karls des Großen als Pferdestall entweiht. In dieser Notlage gelang es schnell, ein schlagkräftiges Heer zusammenzubringen. Der Feldzug war erfolgreich, man belagerte 882 die Normannen an der Maas und stand kurz vor einem entscheidenden Sieg. Doch Karl zog es vor, ihren Abzug zu erkaufen. Für mehr als 2000 Pfund Gold und Silber ließ sich der Normannenfürst Gotfried auch noch taufen. Karl stand Pate, belehnte ihn mit Friesland und gab ihm dann noch eine illegitime Tochter Lothars II. zur Frau. Karl wünschte Frieden und eine diplomatische Lösung, seine Feldherren nannten den Kaiser aber einen Verräter und Schwächling – vielleicht nicht ganz zu Unrecht, denn schon wenig später marschierten die Normannen rheinaufwärts Richtung Burgund. Der Kaiser blieb untätig. Erst als sie 885 Paris eingenommen hatten, kam er mit seinen Soldaten, um zum Zorn seiner Heerführer auch diesmal wieder in Verhandlungen für 700 Pfund Silber ihren Abzug zu erreichen. Auch in Italien griff Karl nicht in die Politik ein. Papst Stephan V., der den Kaiser realistisch sah, verbündete sich mit Byzanz und dem Herzog von Spoleto. Vom fränkischen Einfluss in Süditalien war nichts mehr zu spüren.

Karls Adoptivsohn Karlmann (rechts) und sein Bruder Ludwig, mit dem er sich die westfränkische Königswürde teilte.

Karls Ehe mit Richgard blieb kinderlos. Des Ehebruchs mit Karls Kanzler Liutward von Vercelli angeklagt, wollte die Kaiserin ihre Unschuld durch ein Gottesurteil beweisen. Beide bekannten dann öffentlich, die Ehe nie vollzogen zu haben. Richgard musste sich nach der Scheidung in das von ihr gestiftete Kloster Andlau im Elsass zurückziehen. Nach erfolglosen Verhandlungen mit den Päpsten Hadrian III. und Stephan V., seinen illegitimen Sohn Bernhard anerkennen zu lassen, adoptierte der Kaiser Karlmann, den Sohn Ludwig des Stammlers und westfränkischen König, der aber, nur 18 Jahre alt, 884 bei einen Jagdunfall ums Leben kam. Darauf adoptierte Karl nach dem Tod seines früheren Gegners Boso von Vienne 887 dessen sechsjährigen Sohn aus der Ehe mit Irmingard, einer Tochter Ludwigs des Frommen, Ludwig von Burgund.

KARL III. DER DICKE

Später Ludwig III. der Blinde genannt, übernahm dieser 890 die Regierung in seinem burgundischen Erbland. 898 gegen Berengar von Friaul und die Ungarn nach Italien gerufen, wurde er in Pavia 900 zum König und 901 in Rom zum Kaiser gekrönt, dann jedoch von Berengar gezwungen, Italien zu verlassen. 905 gegen sein Versprechen nach Italien zurückgekehrt, fiel er in die Hände Berengars, der ihn blenden ließ – daher der Beiname »der Blinde« – und dann in die Provence schickte. Berengar behauptete seine Macht und wurde 915 in Rom zum Kaiser gekrönt.

Karls Autorität war erschüttert, die Fürsten des Reiches rebellierten und zwangen ihn zur Entlassung seines mächtigen Kanzlers, des Erzbischofs Liutward von Vercelli, der, wie die Fuldaer Annalen berichten, »mehr als der Kaiser geehrt und gefürchtet wurde«. Zum Nachfolger setzte Karl den Mainzer Erzbischof Liutbert ein. Der enttäuschte Liutward versuchte nun, Arnulf von Kärnten als Thronfolger einzusetzen, wurde jedoch auf der Flucht aus Italien von den Ungarn erschlagen.

Als Karl eine Reichsversammlung nach Trebur einberief, rückte Arnulf mit einem Heer an. Resigniert zog der Kaiser sich in seine bevorzugte Pfalz Bodman am Bodensee zurück und dankte schließlich 887 gezwungenermaßen zugunsten seines Neffen Arnulf ab. Krank, überfordert und zuletzt von allen verlassen, konnte Karl die fast unlösbare Aufgabe, das Karolingerreich vor dem Untergang zu retten, nicht bewältigen.

> **LEBEN AUF DER PFALZ**
> Das Reich hatte in der Zeit von den Karolingern bis zu den Staufern keine eigentliche Hauptstadt und keine zentrale Verwaltung; anders als in Frankreich war der territoriale Besitz der Herrscher oft verstreut. In diesem »Reisekönigtum« liegt auch eine der Wurzeln für den deutschen Regionalismus. Der Hof zog von Pfalz zu Pfalz. Das hatte zum einen den Vorteil, dass der Kaiser allgegenwärtig schien, immer wieder die verschiedenen Teile seines Landes sehen und dort auch Recht sprechen konnte, zum anderen war so die Versorgung des kaiserlichen Hofstaats durch die Landwirtschaft der Pfalzen gewährleistet. Nach der Abreise des Kaisers mit seinem großen Gefolge war dann allerdings buchstäblich immer alles weggegessen.

Arnulf von Kärnten

* vor 850   887   896   † 899 Altötting o. Regensburg
Eltern: Karlmann & Liutswind aus dem Haus der bayerischen Liudolfinger

Der einzige Sohn Karlmanns, der sich als Patron auf den karolingischen Heiligen Arnulf von Metz berief, war zunächst bei der Thronfolge nicht berücksichtigt worden, da er illegitim war. Er wurde beim Tod seines Vaters jedoch Markgraf von Kärnten und Pannonien. Der ostfränkische Adel hatte Arnulf als Enkel Ludwigs des Deutschen im Sinn, seit sich die Schwächen Karls III. zeigten, und kürte ihn nach dessen Absetzung gleich zum König. Der Adel huldigte ihm in Frankfurt, und Arnulf ließ anlässlich seiner Übernahme der Regierungsgeschäfte ein fürstliches Fest in Regensburg ausrichten.

Es war den Zeitgenossen durchaus bewusst, dass sich das Ende des karolingischen Imperiums abzeichnete. Nun griffen auch nichtkarolingische Fürsten entschieden nach der Macht. Die *Fuldaer Annalen* sprechen von den vielen Kleinkönigen, zu denen Berengar von Friaul, ein Enkel Ludwigs des Frommen, der Welfe Rudolf in der Westschweiz, Odo von Westfranken, die Grafen von Poitiers und Ludwig von Burgund, der Adoptivsohn Karls III., gehörten. Sie alle huldigten Arnulf im Laufe der Zeit. Als 888 eine westfränkische Gesandtschaft, angeführt von Fulco von Reims,

Arnulf von Kärnten (links) mit seinem gekrönten Sohn Ludwig.

nach Frankfurt kam und Arnulf die westfränkische Krone antrug, lehnte er ab und erkannte Odo an. Den Welfen Rudolf, der ein Auge auf Lothringen geworfen hatte, zwang er jedoch zum Rückzug. In Italien setzte er, wenn auch nicht ganz glücklich, auf Berengar. Zweifellos hatte Arnulf aus den Bruderkriegen seiner Vorgänger gelernt.

All das zeigt, dass Arnulf als König eine gewisse Oberhoheit durchzusetzen vermochte. Er machte Bayern zum Mittelpunkt seiner Herrschaft, und Erzbischof Theotmar aus Salzburg wurde einer seiner engsten Berater. Arnulf galt als guter Heerführer, hatte aber bisher weder gegen die Normannen noch an seinen eigenen Grenzen gegen den mährischen Fürsten Swatopluk militärische Erfolge zu verzeichnen gehabt. 891 besiegt er endlich die Normannen bei Löwen. Lothringen zwang er erst 893 nach zwei Feldzügen auf der Synode von Metz zur Huldigung. 894 wurde er auf seinem ersten Kriegszug nach Italien als König anerkannt, im gleichen Jahr setzte er, nach dem Tod Swatopluks, seine Oberhoheit bei den Abodriten, Böhmen und Mähren durch. Seine Truppen hatte er mit ungarischen Reitern verstärkt.

894, noch während der Kämpfe in Mähren, zog Arnulf nach mehreren vergeblichen Hilfsersuchen des von Wido von Spoleto bedrängten Papstes endlich nach Italien und eroberte Bergamo. Der geschlagene Graf Ambrosius wurde zur Abschreckung an einem Baum vor der Stadt aufgehängt. In Pavia ließ Arnulf sich huldigen, musste dann jedoch vor dem mächtigen Wido zurückweichen. Nach dessen Tod erschien Arnulf im folgenden Jahr mit einem größeren Heer erneut und erstürmte Rom. 896 wurde er von Papst Formosus zum Kaiser gekrönt, konnte jedoch zu der Zeremonie in St. Peter nur mit Waffengewalt vordringen. Zwar hatte der Papst bereits fünf Jahre zuvor Herzog Wido von Spoleto und dessen Sohn Lambert zu Kaisern gekrönt, doch die Kirche brauchte einen neuen Verbündeten. Die Gegenkaiser von Spoleto sollten allerdings weiter für Unruhe sorgen. Auf dem Weg zur Entscheidung gegen Spoleto erlitt Arnulf einen Schlaganfall und musste schwerkrank den Rückzug antreten.

Zu Arnulfs illegitimen Söhnen, Zwentibold und Ratbold, war nach der Heirat mit Oda aus dem Geschlecht der Konradiner 893 der Sohn Ludwig gekommen. Ratbold war mit in Italien gewesen und dann in Mailand geblieben, wurde aber von Lambert von Spoleto vertrieben. Um Zwentibold, dem die Thronfolge versprochen worden war, nach der Geburt seines Halbbruders Ludwig zu entschädigen, machte ihn Arnulf 895 zum König von Lothringen.

ARNULF VON KÄRNTEN

Zwentibold verbündete sich jedoch mit Karl dem Einfältigen, was keineswegs in Arnulfs Sinn war. Auch konnte er den lothringischen Adel, der dem westfränkischen Reich näher stand, nicht für sich gewinnen. Die Konflikte wurden erst 899 von Arnulf und Karl dem Einfältigen im Frieden von Sankt Goar durch die Absetzung Zwentibolds gelöst. Zwentibold starb 900 bei einem Gefecht, als er in den Thronfolgewirren nach dem Tod seines Vaters die Ansprüche seines Halbbruders unterstützen wollte.

Nach einem zweiten Schlaganfall nur noch begrenzt regierungsfähig, ließ Arnulf den Adel 897 den Treueid auf den vierjährigen Sohn Ludwig schwören. Kurz vor seinem Tod musste er noch erleben, dass seine Frau Oda – zu Unrecht – des Ehebruches angeklagt wurde.

Ludwig III. das Kind

* 893 Altötting  900 † 24.10.911
Eltern: Arnulf von Kärnten & Oda aus dem Haus der Konradiner

Der lang erwartete legitime Sohn Arnulfs wurde nach dem Tod des Vaters in Forchheim zum ostfränkischen König gewählt. Die Regentschaft oblag den Bischöfen Hatto von Mainz und Salomon von Konstanz, Vormund wurde ein Verwandter Odas, Graf Konrad von Hessen, der mit Ludwigs Schwester Glismut verheiratet war.

Doch die Bedeutung der Zentralgewalt schwand zusehends, der kindliche König war bestenfalls eine Symbolfigur, obwohl er sein Bestes tat, indem er Urkunden mit krakeliger Kinderschrift unterzeichnete. In diesem Vakuum bildeten sich neue Machtverhältnisse aus, auch sorgten die Regenten gut für ihre Familien. Die Fehde zwischen den Konradinern und den Babenbergern nahm überhand, und als die Ungarn 910 in Deutschland einfielen, unterlag Ludwigs Heer auf dem Lechfeld. Als er wenig später starb, waren die ostfränkischen Karolinger ausgestorben. Dem fast gleichaltrigen westfränkischen Karolingerkönig, Karl dem Einfältigen, ist er nie begegnet – beide hatten keinen Einfluss auf die Geschicke Italiens und des Kaisertums. Die Trennung der deutsch sprechenden Stämme Ostfrankens von den französisch sprechenden Westfranken war jetzt jedoch deutlich. Das Kaisertum dämmerte erst einmal lange Jahre in den Händen schwacher Päpste und rivalisierender italienischer Fürsten vor sich hin.

Konrad I.

* ca. 880/885   911   † 23.12.918
Eltern: Graf Konrad der Ältere von Oberlahnstein & Gräfin Glismoda

Nach dem Tod seines Vaters in der Babenberger Fehde wurde Konrad Herzog von Franken und in den Regentschaftsrat für Ludwig III. berufen. Nach dem Tod des Kinderkönigs brauchte man schnell eine neue Integrationsfigur. Vor allem mussten weitere Kleinkriege vermieden und eventuelle Ansprüche der westfränkischen Karolinger abgewehrt werden. Herzog Otto aus dem Haus der Liudolfinger war vermutlich die erste Wahl, aber er selber soll dann Konrad vorgeschlagen haben. Jedenfalls stimmten Franken, Sachsen, Alemannen und Bayern 911 in Forchheim für den Franken, und Konrad wurde zum König ernannt.

Im Bündnis mit der Kirche, beraten von den vorherigen Regenten, den Bischöfen Hatto von Mainz und Salomo von Konstanz, versuchte Konrad, die zu unabhängig gewordenen Stammesherzöge wieder stärker an die Zentralgewalt zu binden. Es gelang ihm, den westfränkischen König Karl aus dem Elsass zu vertreiben. Mit Lothringen hatte er auch nach drei Kriegszügen weniger Erfolg, und die Ungarn blieben eine ständige Gefahr.

In Deutschland wurde Konrad allerdings des Chaos nicht Herr. Sachsen machte er sich zum Feind, weil er erloschene Reichslehen, juristisch zu Recht, nicht wieder vergeben wollte.

Die Hoffnung, 913 durch die Heirat mit der verwitweten Kunigunde von Bayern Frieden zu stiften, erfüllte sich nicht. Kunigundes Bruder, Erchanger von Schwaben, rebellierte weiter und nahm Bischof Salomo gefangen. Als der König Salomo befreite, verbündete Erchanger sich mit Kunigundes Sohn

KONRAD I.

LEHEN
Ein Lehen war ein Leihgut, das der Vasall (Lehnsmann) vom Lehnsherrn erhielt. Lehnsherr und Vasall verpflichteten sich gegenseitig zur Hilfe und Treue. Lehen galten ursprünglich nur auf Lebenszeit, wurden aber später erblich. Auf dem Lehnsrecht, das es seit dem 7. Jahrhundert im Frankenreich gab, beruhte die mittelalterliche Feudalgesellschaft. An der Spitze stand der König, der Lehen an die Kronvasallen vergab, die wiederum sogenannte Afterlehen an den niederen Adel geben konnten. Nicht nur Länder und Ämter, auch Zollrechte oder Gerichtsbarkeit konnten vom König als Lehen vergeben werden.

Arnulf. Nach einer gegen die Ungarn gewonnenen Schlacht ließ er sich zum Herzog ausrufen, wurde aber 916 von der Synode von Hohenaltheim zu Klosterhaft verurteilt, dann auf Konrads Befehl enthauptet. Leider waren auch die Beziehungen zu Erchangers Nachfolger, Burchard von Schwaben, gespannt. Auch Arnulf, der den Beinamen »der Böse« erhielt, opponierte heftig, die Gelder verschaffte er sich durch Konfiszierung von Kirchengut. Nach Konrads Tod machte er sich zum König von Bayern und meldete Ansprüche auf die italienische Krone an.

Im Kampf gegen Arnulf tödlich verwundet, überredete Konrad, kinderlos geblieben, seinen Bruder Eberhard zum Verzicht auf die Krone und schlug als Nachfolger Herzog Heinrich von Sachsen vor. Es war wohl die klügste Entscheidung dieses glücklosen Herrschers.

Heinrich I. der Vogler

* um 875 🜲 919 † 2.7.936 Memleben a. d. Unstrut
Eltern: Herzog Otto der Erlauchte & Gräfin Hadwig a. d. Haus der Babenberger

Die Krise des ostfränkischen Reiches war inzwischen fast zur Katastrophe geworden. Obwohl es den letzten Herrschern nicht gelungen war, die rivalisierenden Stammesfürsten zu befrieden, wollte man aber doch nicht auf einen König verzichten. Der fränkische Graf Eberhard nahm sich mehrere Monate Bedenkzeit, um dann den letzten Wunsch seines Bruders Konrad I. zu erfüllen und Heinrich die Reichsinsignien zu übergeben.

Die Sachsen waren in den letzten Jahrzehnten zu Macht und Reichtum gekommen. Heinrich, Sohn des Liudolfingers Otto der Erlauchte, hatte durch seine Heirat mit Hatheburg von Merseburg – die er allerdings erst aus dem Kloster entführen musste – seinen Besitz erheblich erweitert. Trotz der Geburt des Sohnes Thankmar ließ er dann aber seine Ehe mit kirchlicher Billigung auflösen und heiratete 909 Mathilde, eine Nachfahrin Herzog Widukinds, um seine Position in Westfalen zu stärken. Diese Verbindung begründete die Dynastie der Ottonen.

Heinrich hatte sich lange loyal zu König Konrad I. verhalten, doch als er 912 Herzog von Sachsen wurde, versuchte er, Teile des Besitzes von Konrad und dessen Bruder Eberhard zu erobern. Eberhard schlug also 919 in Fritzlar seinen früheren Gegner zum neuen König vor, der darauf von den Sachsen und Franken gewählt wurde. Als die Boten mit der Nachricht kamen, soll Heinrich in der Nähe von Hildesheim vor einer Scheune gesessen und Vögel gefangen haben – so erzählt es wenigstens eine berühmte Legende. Auch Heinrichs königliche Erscheinung, sein Humor und seine Trinkfestigkeit sorgten für die Popularität des »Voglers«.

HEINRICH I. DER VOGLER

Heinrich lehnte die kirchliche Königsweihe ab. Er war sicher nicht unfromm, wollte sich aber wohl nicht, wie sein Vorgänger Konrad, zu sehr auf die Macht des Klerus stützen.

Gegen die bei der Wahl nicht anwesenden Bayern, deren Herzog Arnulf sich selbst zum König ernannt hatte, kam es zu einigen Scharmützeln. Im Tausch gegen mehr Souveränität fand man dann aber eine Einigung. Arnulf verzichtete auf seine Krone und unterstützte Heinrich später nach Kräften im Krieg gegen die Böhmen. Von den ebenfalls bei der Wahl abwesenden Schwaben erzwang Heinrich die Huldigung: Herzog Burchard II. befand sich im Krieg mit König Lothar von Hochburgund und wollte neue Konflikte vermeiden. Nach dem Tod Burchards setzte Heinrich 926 als dessen Nachfolger den Franken Hermann als Herzog ein.

Anders als sein Vorgänger war Heinrich ein geschickter Taktierer, dem es gelang, sowohl die Stammesfürsten zu verpflichten wie seine Position als König zu sichern. Da er sich nicht hatte krönen lassen, musste er keine großen politischen Rücksichten auf die Kirche nehmen und konnte sich außerdem als *primus inter pares* besser bei den Herzögen durchsetzen.

921 schloss Heinrich auf einem Schiff, das vor Bonn im Rhein ankerte, einen Vertrag mit Karl III. dem Einfältigen, der den Rhein als Grenze festlegte. Das hinderte ihn jedoch nicht, sich 925 in Lothringen einzumischen, 928 Graf Giselbert als Herzog einzusetzen und mit seiner Tochter Gerberga zu verheiraten. Damit war das ostfränkische Reich in seinen alten Grenzen wiederhergestellt.

Vor allem widmete sich Heinrich der Reform des Heeres, führte die Wehrpflicht wieder ein und verstärkte die gepanzerte Reiterei. So gerüstet, kämpfte er erfolgreich gegen die Elbslawen, machte 929 König Wenzel von Böhmen tributpflichtig und gewann Schleswig durch seinen Sieg bei Haitabu über die Dänen. Mit den Ungarn, die bis Wolfenbüttel vorgedrungen waren, hatte er 926 einen Waffenstillstand gegen Tributzahlung geschlossen. Inzwischen erstarkt, brach Heinrich den Vertrag und besiegte die ungarischen Truppen 932 bei Riade.

Der König war inzwischen allseits anerkannt. Das von ihm gepflegte System der Freundschaften und Belehnungen begünstigte die Entwicklung des Feudalstaates. Auf dem Wormser Reichtag von 926 übergab ihm Rudolf II. von Hochburgund die heilige Lanze, die traditionell mit dem Anspruch auf Italien und die Kaiserwürde verbunden war. Als Gegengabe erhielt Rudolf Basel und Teile Schwabens, die er allerdings ohnehin schon längst besetzt hatte. Die Lanze war für Heinrich »der Eckstein, mit dem Gott das Irdische mit dem Himmlischen verknüpft hat«, und er plante wohl seitdem eine Romreise, zu der es dann jedoch nie kommen sollte.

Sein diplomatisches Geschick bewies Heinrich beim Dreikönigstreffen in Ivois 935 mit Ludwig IV. von Westfranken und Rudolf II. von Hochburgund, bei dem ein Freundschaftsvertrag geschlossen wurde.

Ungarische Reiter auf einem Raubzug.

Schon 929 hatte er in Quedlinburg seinen ältesten Sohn Otto zum Erben bestimmt. Nach einem Schlaganfall während einer Jagd im Harz bestätigte er diese Entscheidung 936 in Erfurt. Mutter Mathilde hätte den zweiten Sohn Heinrich vorgezogen – er wurde später Herzog in Bayern. Brun, der dritte Sohn, für den geistlichen Stand bestimmt, sollte als Erzbischof von Köln in der Regierungszeit seines Bruders Otto eine wichtige Rolle spielen. Die Regel der Erbteilung war aufgegeben – eine Entwicklung, die sich, von der Kirche favorisiert, auch in anderen Ländern abzeichnete. Der mächtiger gewordene Adel unterstützte das Wahlprinzip, wenn man auch am Grundsatz der Erblichkeit festhielt.

In Gorze bei Metz begann 933 eine folgenreiche Kirchenreform, 915 war die Kirche von Cluny geweiht worden. Heinrichs fromme Frau Mathilde gründete und förderte viele Klöster, darunter Quedlinburg. Heinrich selbst konnte nicht lesen und schreiben, er interessierte sich auch wenig für die Ausbildung seiner Kinder. Die Nonne Roswitha von Gandersheim sollte wenig später das Lob des Königs dichten. Für den Chronisten Thietmar von Merseburg beginnt erst mit Heinrich die eigentliche Zählung der deutschen Herrscher, eine Auffassung, der manche spätere Historiker bis zur Gegenwart gefolgt sind.

Otto I. der Grosse

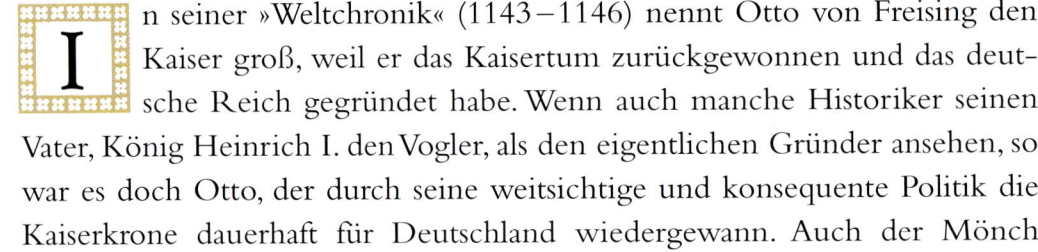

*23.10.912 ♛ 936 ✝ 962 † 7.5.973 Memleben
Eltern: Heinrich I. & Mathilde

In seiner »Weltchronik« (1143–1146) nennt Otto von Freising den Kaiser groß, weil er das Kaisertum zurückgewonnen und das deutsche Reich gegründet habe. Wenn auch manche Historiker seinen Vater, König Heinrich I. den Vogler, als den eigentlichen Gründer ansehen, so war es doch Otto, der durch seine weitsichtige und konsequente Politik die Kaiserkrone dauerhaft für Deutschland wiedergewann. Auch der Mönch Widukind aus Corvey preist den Kaiser in seiner »Sachsengeschichte« – und verrät sogar einige menschliche Eigenschaften: »… abgesehen vom Schrecken der königlichen Strafgewalt war er stets liebenswürdig, im Schenken freigebig, im Schlafen mäßig … Geradezu erstaunlich sind seine Geistesgaben, denn nach dem Tod der Königin Edgitha hat er die Schrift, die er vorher nicht kannte, so weit erlernt, dass er Bücher durchaus lesen und verstehen kann … Auf die Jagd geht er häufig, liebt das Brettspiel, übt zuweilen mit königlichem Anstand das anmutige Reiterspiel … die funkelnden Augen strahlen blitzartig bei plötzlich treffendem Blick einen wahrhaften Glanz aus.«

War sein Vater Heinrich im Herzen wohl eher Herzog der Sachsen geblieben, so sah Otto sich als Nachfolger Karls des Großen. Nach Heinrichs Tod wurde Otto 936 einmütig zum König gewählt. Er ließ sich bewusst in fränkischer Tracht in Aachen krönen, anschließend tafelten alle

Großen des Reiches in der Pfalz. Der Prunk und die Einigkeit waren neu, neu war auch, dass sich nun ein gezieltes Wahlverfahren durchgesetzt hatte, das zwar eher einer Huldigung glich, bei dem aber die Einheit des Reiches Priorität hatte und Königshaus, Adel und Kirche zusammenwirkten.

Trotzdem gab es noch Widerstand. Der zurückgesetzte Halbbruder Thankmar und der jüngere Bruder Heinrich, den Mathilde favorisiert hatte, sowie Graf Eberhard von Franken zettelten mehrere Aufstände an. Thankmar plante 938 vielleicht sogar ein Attentat in der Kirche der Feste Eresberg; er wurde aber getötet, bevor der Plan zur Ausführung kommen konnte. Als Eberhard, der Nachfolger Arnulfs von Bayern, die Huldigung verweigerte, wurde er abgesetzt. 939 besiegte Otto schließlich bei Andernach den Bruder Heinrich, Giselbert von Lothringen und Eberhard von Franken. Heinrich floh zu König Ludwig IV. nach Frankreich und plante von dort aus ein Mordkomplott gegen seinen Bruder, den König. Doch der verzieh ihm immer wieder.

Familienpolitik war für Otto auch Herrschaftspolitik. Er wollte Frieden im Inneren, den er auch durch Heiratsverbindungen zwischen den großen Herzogtümern und seiner Familie stützte. Diplomatisch geschickt festigte er seinen Einfluss jenseits der Grenzen, indem er seine Schwester Gerberga erst mit dem Herzog von Lothringen, dann mit dem westfränkischen König Ludwig IV. verheiratete. Loyale Hilfe fand er bei seinem Bruder Brun, Kanzler und Erzbischof von Köln, während sein illegitimer Sohn Wilhelm, Erzbischof von Mainz, gerne seine eigene Meinung durchsetzte.

Otto I. und seine erste Gemahlin Edgitha. Steinfiguren im Magdeburger Dom.

Otto hatte 929 Edgitha, die Tochter des angelsächsischen Königs Edward, geheiratet. Damit setzte auch die Tradition ein, die Thronfolger mit Königstöchtern zu vermählen. Edgitha war 946 gestorben, und auf seinem ersten Italienzug heiratete Otto in Pavia Adelheid. Die zwanzigjährige Witwe König Lothars von Italien, Tochter Rudolfs II. von Burgund, war die Gefangene von Markgraf Berengar von Ivrea, der Ambitionen auf die langobardische Krone hatte. 951 nahm Otto sich Krone

OTTO I. DER GROSSE

und Witwe. Eine diplomatische Anfrage beim Papst wegen der Kaiserkrönung blieb jedoch ergebnislos.

Liudolf, Ottos Sohn aus der ersten Ehe, versuchte 953 mit einer offenen Rebellion, seinen Machtbereich zu vergrößern – Verbündete waren immer noch leicht zu finden. Doch dann einte 955 die drohende Gefahr der Ungarneinfälle alle Kräfte. Tapfer hatte Bischof Ulrich Augsburg verteidigt. Das kaiserliche Heer schien zunächst zersprengt, bis es dann Otto mit Konrad dem Roten gelang, die Ungarn zurückzuwerfen. Der entscheidende Sieg gelang Otto unter dem Zeichen der Heiligen Lanze auf dem Lechfeld. Die Kämpfe dauerten drei Tage, 100 000 Ungarn sollen gefallen sein. Es war eine Schlacht von weltpolitischer Bedeutung, denn seitdem stellten die Ungarn ihre Angriffe und Plünderungen ein. Das Land im Osten konnte christianisiert und kolonisiert werden. Ein zweiter Sieg gegen die Slawen an der Recknitz in Mecklenburg im selben Jahr sicherte Ottos Führungsposition endgültig.

Seine Soldaten hatten Otto auf dem Lechfeld zum Kaiser ausgerufen, aber das von Machtkämpfen geschwächte Rom schien weiterhin nicht geneigt, den Krönungsakt zu vollziehen. Otto muss, wie Aufzeichnungen aus Mainz nahe legen, bereits an eine Kaiserweihe ohne Papst gedacht haben. 962 wurden Otto und Adelheid schließlich doch von Johannes XII. gekrönt. Otto hatte zwar Berengar vertrieben, aber die Situation in Rom war noch so gefährlich, dass ein Ritter den betenden Kaiser vorsorglich mit dem Schwert schützen musste. Otto ließ sich die karolingischen Kaiserprivilegien bestätigen und erneuerte seinerseits die Garantie für den Schutz des Kirchenstaates.

Es gab bald schon Auseinandersetzungen mit dem Papst, und Otto setzte Johannes XII. ab. Die drei nächsten Päpste wurden von den Römern gefangen, vertrieben oder auch wieder eingesetzt – Otto musste noch mehrmals intervenieren, bis der drei Jahre schwelende Streit um den Papstthron beendet war. Der wieder

Die Entscheidungsschlacht gegen die Ungarn auf dem Lechfeld.

OTTO I. DER GROSSE

inthronisierte Johannes XII. krönte schließlich 967 Ottos bereits zum König gewählten Sohn Otto II. zum Kaiser. Der Anerkennung seines Kaisertums durch Byzanz folgte 972 die Heirat seines Sohnes mit Theophanu. Es gelang Otto auch, die Langobarden-Herzöge von Capua und Benevent zu Lehnsleuten zu machen und endlich die Erhebung seiner Lieblingspfalz Magdeburg zum Erzbistum durchzusetzen.

Der Hoftag in Quedlinburg 973 sieht Otto auf dem Gipfel seiner Macht. Fürsten und Gesandte aus aller Welt feiern das Osterfest mit der kaiserlichen Familie. Ottos fromme Frau Adelheid, später heiliggesprochen, war immer auch politisch engagiert. Sie brachte Otto in Verbindung mit den französischen Klöstern Gorze und Cluny, deren Reformen die Kirche – und damit auch die Politik – verändern sollten.

Als pragmatischer Politiker, der den Zentralismus stärken wollte, stellte Otto die Kirche, vor allem die Reichsabteien, konsequent in den Dienst der Reichsverwaltung und stattete sie mit Grundbesitz und Hoheitsrechten aus. Die Bischöfe wurden wie weltliche Fürsten zu treuen Gefolgsleuten des Kaisers. Er konnte dabei auf seinen Bruder Brun, den Erzbischof von Köln setzen, der sich mit seiner Kölner Klosterschule intensiv der Ausbildung sowohl des Klerus wie einer fähigen Beamtenschaft widmete. Endlich sah das Land auch einen wirtschaftlichen Aufschwung, und die Städte kamen zu Wohlstand. Der neue Reichtum ging Hand in Hand mit einer kulturellen Blüte, vor allem in der romanischen Baukunst und in der Miniaturmalerei.

Otto der Große und Adelheid. Figuren im Dom zu Meißen.

OTTO II.

* 955   961   967   † 7.12.983 Rom
Eltern: Otto I. der Große & Adelheid

Im Gegensatz zu seinem Vater und seinem Großvater, die keinen sehr hohen Bildungsstand vorzuweisen hatten, erhielt Otto, das jüngste der sieben Kinder Kaiser Ottos I., durch seine gebildete Mutter eine hervorragende Erziehung. Die Zeiten, da manch ein Kaiser nicht lesen und schreiben konnte und der Macht des Schwertes mehr als der Macht des Geistes vertraute, waren vorbei. Schon 961 wurde Otto in Aachen zum König gekrönt, 967 dann in Rom zum Kaiser. In Rom heiratete er 972 die byzantinische Prinzessin Theophanu – es war zwar nicht die erwünschte Kaisertochter, um die Erzbischof Gero geworben hatte, sondern nur eine Nichte des neuen Kaisers Johannes Tzimiskis, was bewusst jeglichen Erbanspruch ausschließen sollte. Aber Theophanu war eine ebenso mutige wie schöne und hochkultivierte Frau, die nicht nur elegante Moden am Hof einführte, sondern auch engagiert Kunst und Kultur förderte.

Von den sieben legitimen Kindern Ottos I. war nur Otto II. geblieben. Als sein Vater 973 starb, brachen die alten Machtkämpfe wieder aus. Vor allem musste der neue Kaiser sich gegen seinen Vetter, Herzog Heinrich den Zänker von Bayern, wehren, der sich mit den Ungarn und den Polen verbündet hatte. 977 zettelte er mit Heinrich von Kärnten und dem Augsburger Bischof Heinrich den Aufstand der »drei Heinriche« an. Es gelang Otto erst 978, Heinrich abzusetzen und nach Utrecht zu verbannen. Er machte den Sohn seines Halbbruders Liudolf, Otto, der seit 973 schon über Schwaben herrschte, zum Herzog von Bayern. Vorher wurde jedoch Kärnten für Heinrich von Bayern und die Ostmark, das spätere Österreich, für die Babenberger abgetrennt.

 OTTO II.

Aber auch an den Grenzen drohte Gefahr. 974 besiegte Otto den Dänenkönig Harald Blauzahn und gewann große Teile Schleswigs zurück. Unerwartet überfiel 978 König Lothar von Frankreich Aachen, Otto und seine schwangere Frau mussten flüchten. Ottos Heer kam bis vor Paris, Lothar blieb nur der Rückzug. Er hatte zudem Probleme mit seinem Rivalen Hugo Capet, und so kam es erst zum Vorfrieden von Margut, 981 dann in Rom zum endgültigen Friedensvertrag, in dem der neue König Hugo auf alle Ansprüche an Lothringen verzichtete.

Otto II. nimmt die Huldigung der Reichsprovinzen entgegen.

Otto, von der Idee der Erneuerung des Reiches, der *Renovatio imperii romanum* fasziniert, reiste 980 wieder nach Italien. In Pavia versöhnte er sich mit seiner Mutter Adelheid – Otto hatte kritisiert, dass sie zu viel Geld in ihre Klostergründungen steckte. In Ravenna versammelte sich die ganze Familie, auch die Könige von Frankreich und Burgund und der aus Rom vertriebene Papst Benedikt VII. waren zu Gast. Der hochgebildete Otto veranstaltete ein Streitgespräch über das System der Philosophie zwischen den bedeutendsten Gelehrten der Zeit, Gerbert von Aurillac (später, von 999 bis 1003, Papst Sylvester II.) und Otrich von Magdeburg. Otto liebte es geradezu, in Klosterbibliotheken zu stöbern – zum Schrecken der Äbte, die dem Kaiser nur ungern ihre kostbaren Manuskripte liehen, die sie nie zurückbekamen.

982 begann Otto mit der Eroberung Apuliens und Kalabriens, das die Sarazenen kurz zuvor besetzt hatten. Er erlitt jedoch in Cotrone eine schwere Niederlage, und nur mit Mühe gelang es ihm, sich unerkannt auf ein griechisches Schiff zu retten. Auf dem

51

OTTO II.

Reichstag von Verona 983 konnte Otto die Niederlage rechtfertigen und seinen dreijährigen Sohn Otto III. zum König wählen lassen.

Inzwischen war im Norden Deutschlands der Slawenaufstand ausgebrochen, der sich zunächst vor allem gegen die Missionierung richtete. Otto vermochte nichts mehr dagegen auszurichten – an der Malaria erkrankt, starb er in Rom. Die Nachricht traf am Weihnachtstag in Aachen ein, gerade, als sein Sohn gekrönt werden sollte. Der Kaiser, der die imperiale Politik seines Vaters Otto I. fortgesetzt hatte, starb zu früh, um sein Ziel, eine engere Verbindung Deutschlands mit Italien, zu erreichen.

Oben: Otto II. und seine Frau Theophanu werden von Christus gesegnet.

Rechts: Der Name Otto wurde gern zu grafischen Variationen eingesetzt, wie die zeitgenössische Münze zeigt.

Otto III.

* 980 bei Kleve 983 996 † 23.1.1002 Paterno
Eltern: Otto II. & Theophanu

Otto kam nach vier Töchtern als der lange erwartete Sohn Ottos II. und Theophanus zur Welt. Er wurde, gerade drei Jahre alt, 983 auf dem Reichstag von Verona zum König gewählt. Die Nachricht vom plötzlichen Tod seines Vaters erreichte Aachen, gerade als das Kind gekrönt werden sollte. Heinrich der Zänker kam gleich aus seiner Verbannung zurück und erklärte sich selbst 984 in Quedlinburg zum König, außerdem kandidierte er für den Thron von Lothringen. Da er als nächster männlicher Verwandter ein Anrecht auf die Vormundschaft hatte, nahm er Otto als Geisel, musste ihn dann aber doch seiner Mutter zurückgeben. Erzbischof Willigis von Mainz sorgte dafür, dass Theophanu die Regentschaft übernehmen konnte, Großmutter Adelheid wurde Regentin für Italien und vertrat dort mit viel Geschick die deutschen Interessen. Als 995 Heinrich der Zänker starb, ging die Nachfolge in Bayern und Kärnten an seinen Sohn, den späteren Kaiser Heinrich II.

Theophanu wählte die besten Erzieher für ihren Sohn. Als sie schon 991 starb, kam Adelheid als Regentin zurück nach Deutschland. Nach seiner

Otto III.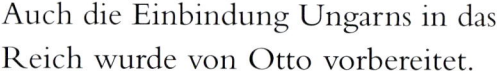

Schwertleite, der Feier zur Mündigkeit, übernahm Otto 996 die Regierung. Er behielt den Kanzler, Erzbischof Willigis von Mainz, und berief neue Ratgeber wie seinen Erzieher, Bischof Bernward von Hildesheim, und Heribert, Erzbischof von Köln. In den Zeiten seiner Abwesenheit vertrat ihn seine Tante Mathilde, die Äbtissin von Quedlinburg. Otto war entschlossen, die Italienpolitik seines Vaters fortzusetzen. Noch im selben Jahr zog er nach Italien und wurde in Rom von seinem Vetter Brun, als Gregor V. (996–999) der erste Deutsche auf dem Papstthron, gekrönt.

Bischof Adalbert, aus Prag vertrieben, ließ sich in Rom von Otto für dessen asketisch-urchristliche Ideen wie für eine erneute Missionierung im Osten, die auch der ungarische König unterstützte, gewinnen. Adalbert wurde bei Königsberg von heidnischen Preußen mit einem Ruder erschlagen und schon 999 heilig gesprochen. Als Otto im Jahre 1000 zu Adalberts Grab in Gnesen pilgerte, schloss er einen Freundschaftsvertrag mit dem polnischen König Boleslaw – dies war der erste Schritt zu einem unabhängigen Polen. Auch die Einbindung Ungarns in das Reich wurde von Otto vorbereitet.

997 behauptete sich Otto auf zwei Feldzügen gegen die rebellischen Elbslawen, musste dann jedoch Papst Gregor V. zu Hilfe eilen. Crescentius II. und seine römische Adelsclique hatten Gregor aus der Stadt vertrieben, mit Johannes XVI. trat zudem 997 ein Gegenpapst auf. Otto warf den Aufstand nieder. Er wählte Rom zur Residenz und ließ sich auf dem Palatin, neben den Ruinen der antiken Kaiserpaläste, seine Pfalz bauen. In Deutschland war man allerdings nicht begeistert von Ottos Engagement in Italien.

Die ständigen Aufstände der Römer brachten den Kaiser in seiner Pfalz schließlich in Bedrängnis. Auch

Die Nationen huldigen dem neuen Herrscher in demütiger Haltung: Sclauinia, Germania, Gallia, Roma (v.l.n.r.).

eine schwungvolle Ansprache Ottos, von der ein Hildesheimer Augenzeuge berichtet, konnte die Aufrührer nicht dazu bewegen, ihre Rebellion zu beenden.

Otto und der Papst mussten Rom verlassen. Sie machten noch einen Besuch in Venedig, der mit Rücksicht auf Byzanz geheimgehalten werden musste. Dort hatte Otto um eine königliche Prinzessin anhalten lassen – doch als die Braut in Bari eintraf, war Otto überraschend an einem Fieber gestorben. In der Burg Paterno nördlich von Rom hatte er auf neue Truppen aus Deutschland gewartet. Sofort brachen überall Aufstände aus. Rom und Italien schienen für das Reich verloren.

»Wunder der Welt« rühmten ihn die einen, zum religiösen Spinner erklärten ihn andere. War Otto ein kühler Denker oder ein Träumer? Der hochgebildete Kaiser sprach Deutsch, Latein und Griechisch, besaß bei allem Interesse für Kunst und Wissenschaften aber auch politischen Weitblick. Er wollte mit neuen Ideen eine universale Herrschaft in Europa errichten, in der sich ein ideales Kaisertum mit altrömischen Staatsideen und römischem Christentum verband. Sein Ideal war Konstantin, für Karl den Großen empfand er eine fast mystische Verehrung. Einen Skandal verursachte Otto allerdings, als er 996 bei einem Besuch in Aachen Karls Grab öffnen ließ.

Der Schmuckeinband vom Evangeliar Ottos III.

Heinrich II. der Heilige

* 6.5.973   1002   1014 † 13.7.1024 Grona

Eltern: Heinrich der Zänker von Bayern & Gisela von Burgund

Heinrich II. zwischen zwei Bischöfen.

Der unerwartet frühe Tod Ottos III. stürzte das Land in einen neuen Thronfolgestreit. Welchem Verwandten des kinderlosen Kaisers würde die Krone zufallen? Die Söhne von Ottos Schwester waren noch minderjährig, Ansprüche auf die Nachfolge meldeten auch Markgraf Ekkehard von Meißen und Herzog Heinrich II. von Schwaben an. In einem Gottesurteil sollten die Waffen entscheiden.

Doch im Hintergrund zog Erzbischof Willigis die Fäden, lud Heinrich, den Sohn Heinrichs des Zänkers und Giselas, der Tochter König Konrads von Burgund, 1002 nach Mainz, ließ ihn schleunigst wählen und gleich zum König krönen. Eine Vorentscheidung hatte Heinrich schon selbst, wenn auch nicht ganz legal, getroffen, indem er dem Trauerzug mit dem toten Kaiser Otto entgegenreiste und sich in Polling des Leichnams samt der Insignien bemächtigte.

Heinrich war während der Verbannung seines Vaters in Hildesheim und Regensburg aufgewachsen und für den geistlichen Stand bestimmt worden. Er konnte perfekt Latein und liebte es, Grammatikfehler seiner Bischöfe zu korrigieren. Nach dem Tod seines Vaters 995 zum bayerischen Herzog gewählt, widmete er sich zunächst der Reform der Klöster und begleitete Kaiser Otto III. nach Italien.

HEINRICH II. DER HEILIGE

Um 998 hatte er Kunigunde von Luxemburg geheiratet, die regen Anteil an der Politik nahm, auch in Bayern, nachdem ihr Bruder dort zum Herzog eingesetzt worden war. Wie Heinrich wurde auch Kunigunde später heilig gesprochen, die Legenden ihres Lebens hat Tilman Riemenschneider auf ihrem Sarkophag im Bamberger Dom liebevoll gestaltet. Bamberg, das Heinrich seiner Frau zur Hochzeit geschenkt hatte, war ihr bevorzugter Aufenthaltsort, wurde 1007 Bistum und königlich ausgebaut.

Um die Huldigung der bei der Wahl abwesenden Fürsten einzuholen, begab Heinrich sich auf einen zeremoniellen Umritt durch sein Reich, der zur Tradition für seine Nachfolger werden sollte. Dabei erneuerte er auch das Lehen des polnischen Königs; als Boleslaw jedoch Böhmen in seine Hand brachte, kam es zu einem langen Krieg, der erst 1018 mit dem Frieden von Bautzen beendet wurde. Mit Ungarn, dessen König Stephan mit Heinrichs Schwester Gisela verheiratet war, begann dagegen eine Zeit des friedlichen Nebeneinanders. An Burgund interessiert, nahm Heinrich 1006 Basel ein, konnte sich aber beim burgundischen Adel nicht durchsetzen.

Stifterfiguren im Bamberger Dom: Heinrich II. und Kunigunde.

In Italien sorgte Markgraf Arduin von Ivrea, der sich 1002 zum König gekrönt hatte, wieder für Unruhe. Heinrich hatte es nicht eilig, nach Italien zu kommen, aber dann brach er 1004 doch auf und ließ sich in Pavia zum König krönen. Noch am selben Abend musste ein Aufstand niedergeschlagen werden. Dann erforderte der Polenkrieg die sofortige Rückkehr des Kaisers. Erst während der zweiten Italienreise 1014 erhielten Heinrich und Kunigunde die Kaiserkrone von Papst Benedikt VII.

Heinrich griff in Italien nicht weiter ein, versuchte nur, einige wichtige Posten mit loyalen Deutschen zu besetzen. Als der Papst jedoch 1020 hilfesuchend nach Bamberg kam, musste Heinrich mit seinem Heer gegen Byzanz und die Sarazenen nach Süditalien ziehen. Capua und Benevent wurden genommen; von den Normannen gingen jedoch schon neue Gefahren aus.

Heinrich war ein Realpolitiker, doch so sehr der fromme Kaiser die Klosterreformen von Gorze und Cluny förderte, so rücksichtslos stellte er die Kirche in den Dienst seines Reiches. Die Einnahmen, die er bei den Klöstern strich, kamen der Reichskasse zugute. Andererseits bekamen die Bistümer auch Reichsgut, mussten dafür aber Soldaten stellen. Heinrichs Reichskirchensystem kannte keinen Unterschied zwischen Staats-und Kirchenbesitz.

HEINRICH II. DER HEILIGE

GOTTESURTEIL

Schwierige Streitfälle versuchte man im Mittelalter durch ein »Gottesurteil« im Zweikampf zu entscheiden – wie wir es heute auf der Bühne in Richard Wagners Oper »Lohengrin« erleben können, wenn der gute Gralsritter Lohengrin den bösen Telramund besiegt. Nach der Legende soll die heilige Kunigunde, die Gattin Kaiser Heinrichs II., des Ehebruchs angeklagt, unbeschadet über glühende Kohlen gegangen sein, um ihre Unschuld zu beweisen. Im Bild unten ist die entsprechende Gerichtsszene dargestellt. Die Feuerprobe war eine beliebte, wenn auch nicht ungefährliche Methode beim Gottesurteil. Als dem Gegenkönig Rudolf von Rheinfelden 1180 in der Schlacht bei Hohenmölsen die rechte, also die Schwurhand, abgeschlagen wurde, deuteten viele dies als ein Gottesurteil. Kaiser Friedrich II. war es, der das Gottesurteil abschaffte.

Rechts: Die Verkündigung an die Hirten. Aus dem Perikopenbuch Heinrichs II.

Heinrich starb kinderlos. Auch hatte er, wie mancher seiner Vorgänger, erfahren müssen, dass Verwandte auf wichtigen Posten keine Garantie für den Herrscher waren. Doch er hatte Deutschland so gefestigt, dass eine neue Dynastie ohne neuen Streit aufsteigen konnte.

Konrad II.

* um 990 1024 1027 † 4.6.1039 Utrecht
Eltern: Graf Heinrich von Speyer & Adelheid von Metz

Konrad war der Gründer des Hauses der Salier, die fast ein Jahrhundert lang in Sohnesfolge die Kaiserkrone trugen. Der Name der aus dem Moselgebiet stammenden Dynastie geht möglicherweise auf die Salfranken zurück, vielleicht aber auch auf das althochdeutsche Wort sal für Herrschaft. Als Konrad, ein Nachfahr Kaiser Ottos I., auf die Welt kam, war noch keine Rede von der hohen Würde.

Nachdem die angestrebte Hochzeit mit einer byzantinischen Prinzessin nicht zustande kam, heiratete er Gisela, die Tochter Herrmanns von Schwaben. Es war ihre dritte Ehe, nach dem sächsischen Grafen Bruno von Braunschweig und dem Babenberger Herzog Ernst I. von Schwaben. Die Heirat erfolgte gegen den Willen Kaiser Heinrichs II. und erregte wegen zu enger Verwandtschaft den Widerspruch Erzbischofs Aribo von Mainz, der sich weigerte, sie zur Königin zu krönen. Dabei war es eigentlich Aribo zu verdanken, dass Konrad 1024 in Kamba am Rhein gegenüber von Oppenheim zum König gewählt und gleich in Mainz gekrönt wurde. Die fromme Kaiserwitwe Kunigunde überbrachte persönlich die Reichsinsignien, bevor sie sich ins Kloster Kaufungen zurückzog. Gisela wurde wenig später von Erzbischof Pilgrim in Köln zur Königin gekrönt, und Ostern 1027 in Rom zusammen mit ihrem Mann von Papst Johannes XIX. zur Kaiserin. Sie nahm starken Einfluss auf die Regierung, was später zu Spannungen mit ihrem Sohn Heinrich III. führte.

KONRAD II.

Konrad II. als deutscher Kaiser, Schmuckdarstellung.

> **SIMONIE**
> Simonie nannte man den Ämterkauf, den Erwerb geistlicher Sachen zu weltlichem Vorteil. Das Wort geht auf Simon Magus in der Bibel zurück, der den Heiligen Geist von den Aposteln kaufen wollte. Simonie war unter vielen Kaisern und Päpsten des Mittelalters üblich und lange eine gute Einnahmequelle, unbeschadet der Tatsache, dass Gregor VII. sie mit dem Bann belegte. Kaiser Konrad II. soll auf den Vorwurf der Simonie nur trocken gefragt haben: »Wie anders soll dieses Reich denn zu regieren sein?«

»An Konrads Sattel hängen die Steigbügel Karls des Großen«, schrieb damals der Chronist Wipo. Der neue Kaiser setzte die Politik seines Vorgängers Heinrich II. konsequent fort. Die Rebellion seines Vetters Adalbert von Kärnten und seines Stiefsohns Ernst II. von Schwaben konnte er niederwerfen, beide Herzogtümer wurden später mit Bayern in der Hand des Thronfolgers vereint. Schon im Winter 1026 zog Konrad nach Italien und ließ sich von den süditalienischen Fürsten huldigen, nachdem er in Mailand mit der lombardischen Krone zum italienischen König gekrönt worden war. Die italienischen Beziehungen stärkte er diplomatisch durch Ehen zwischen dem Adel beider Länder. Zur Sicherung der Nordgrenze trat er 1031 die Mark Schleswig an Dänemark ab und verheiratete seinen Sohn mit der Tochter des Königs. Im Krieg gegen den polnischen König Mieszko eroberte er 1033 die Lausitz zurück. Durch den Tod König Rudolfs III. gewann er Burgund hinzu, die Krönung fand 1033 in Payerne statt.

Während die Ostgrenze stabilisiert war, machten die selbstbewussten lombardischen Städte weiter Schwierigkeiten. Aribo, inzwischen Erzbischof von Mailand, wurde 1035 gerichtlich zur Rechenschaft gezogen, Konrad erlitt dann allerdings eine Niederlage bei der Belagerung der Stadt. In Süditalien übertrug er den Normannen die Grenzsicherung gegen Byzanz, nicht ahnend, welche Folgen sich daraus ergeben sollten.

Folgenreich war auch die gesetzliche Neuregelung für unfreie Dienstleute (1005) gewesen, durch die später die wichtige Schicht der königlichen Ministerialen entstand; dass die Lehen der Ritter erblich wurden, sicherte Konrad

KONRAD II.

deren Treue. So bildeten sich unter der erstarkten Zentralverwaltung neue Hierarchien. Aus pragmatischen Gründen unterstützte er Abt Poppo von Stablo-Malmédy bei der Reform der Klöster, dominierte jedoch andererseits die Kirche, nahm Schenkungen seiner Vorgänger zurück und setzte Bischöfe nach Belieben – und gegen Höchstzahlung – ein.

Das salische Jahrhundert war eine Zeit reger Bautätigkeit, der Dom zu Speyer als Grablege für die Salier ist eine Gründung Konrads. Der Adel errichtete steinerne Hochburgen, die Bischöfe statteten ihre Sitze fürstlich aus. Konrad hat bis zur Zeit der Staufer die kaiserliche Herrschaft sicher etabliert.

Der Kaiser war groß gewachsen, konnte wohl weder lesen noch schreiben, galt jedoch als streng, aber gerecht, und war ebenso entschlussfreudig wie pragmatisch. Haudegen und engagierter Heerführer zugleich, war er unermüdlich auf Reisen quer durch sein Reich. Schon lange gichtkrank, starb Konrad während eines Reichstags in Utrecht.

WER DEN PFENNIG NICHT EHRT... Jahrhunderte lang, von Karl dem Großen bis weit in die Zeit der Staufer, kam die Wirtschaft in ganz Europa mit nur einer Münze aus, dem *denarius,* dem Pfennig, selten wurde auch der Wert eines *obolus,* eines halben Pfennigs, geprägt. Bei größeren Beträgen rechnete man nach Gewicht – wobei ein ordentlicher Kaufmann immer das Silber prüfte - oder zahlte in Schilling (12 Pfennige) und Pfund (20 Schillinge). In karolingischer Zeit wogen Silberpfennige 1,7 g, in salischer Zeit, bei 1,5 bis 3 cm Durchmesser, nur noch zwischen 1 und 1,5 Gramm.

Münze mit gekröntem Brustbild Konrads II.

Heinrich III.

* 28.10.1017   ♛ 1039   ♛ 1046   † 5.10.1056 Bodfeld/Harz
Eltern: Konrad II. & Gisela von Schwaben

Um den Fortbestand der Dynastie zu sichern, ließ Konrad II. seinen ersten Sohn schon mit neun Jahren zum Thronfolger wählen und 1028 in Aachen krönen. Der Prinz, am Hof des Bischofs Bruno von Augsburg, dem Bruder des früheren Kaisers Heinrich II., sorgfältig erzogen, wurde mit Bayern und Schwaben belehnt, und 1038 als König von Burgund inthronisiert. Nach dem frühen Tod seiner ersten Frau, der Dänenprinzessin Gunhild, heiratete er 1043 Agnes, die Tochter des Grafen Wilhelm von Poitou. Beim Tod seines Vaters übernahm Heinrich 1039 ein gefestigtes Reich.

Einige Herzogtümer waren neu zu vergeben und Lothringen sollte geteilt werden, was aber den Widerstand Gottfried II. des Bärtigen, des älteren Sohnes und Erben Herzog Gozelos, provozierte. Gottfried verbündete sich mit Flandern und Brabant und konnte erst mit englischer und dänischer Hilfe 1049 geschlagen werden. Gegen die sächsischen Billunger unterstützte Heinrich die Städte Hamburg und Bremen. Im Osten gelang es ihm, die Grenze zu sichern und eine zeitweilige Lehnshoheit über Polen, Ungarn und Böhmen herzustellen. Seine Tochter Judith wurde erst mit dem ungarischen, später mit dem polnischen König verheiratet.

Heinrichs politisches wie ideelles Programm war die *renovatio imperii Romanorum,* die Erneuerung des Reiches, mit der er sich auch den Titel »König der Römer« zulegte. Damit wird zugleich der sakral-priesterliche Charakter der Monarchie wie der Anspruch des deutschen Königs auf die Kaiserkrone deutlich.

HEINRICH III.

Auf seiner Italienreise 1046 beendete Konrad die römischen Intrigen sowie das Schisma, indem er gleich drei Päpste absetzte. Der frühere Papst Gregor VI. wurde als Gefangener nach Köln geschickt und der Bamberger Bischof Suitger als Papst Clemens II. inthronisiert. Nun wurden Heinrich und Agnes auch endlich gekrönt.

Zunächst war das Kaisertum durch die Kirche gestärkt. Eng mit dem Kaiser verbunden, widmete sich Clemens II. nun der Reform der Kirche, durch die das Papsttum wenig später zu neuer Macht und Geltung kommen sollte. Der Besuch des neuen Papstes Leo IX. (1049–1054) in Mainz wurde zu einem wichtigen Datum der Kirchenreform – Leo, vorher Bruno von Toul, war ein entfernter Verwandter Heinrichs.

Die thronende Maria mit Heinrich III. und Agnes.

Auch in Deutschland förderte der fromme Kaiser die Klosterreform, verstand es aber geschickt, sie dem Herrschaftsgefüge anzupassen. Sein Traum war der Kaiser als Friedensfürst – ein Ziel, das nur zu erreichen war, wenn Gesetz und Gnade gleichermaßen zu Leitlinien der kaiserlichen Herrschaft würden. Dies war zwar das christliche Ideal, aber die Zeitgenossen irritierte es doch, wenn Heinrich gelegentlich im Büßergewand auftrat oder wie 1043 in St. Gallen am Altar das Volk zum Frieden ermahnte. Schon bei seiner Hochzeit hatte er die Spielleute und Musikanten weggeschickt.

Die Kaiserpfalz zu Goslar wird großzügig ausgebaut.

Hermann von Reichenau berichtet, dass Heinrich in den letzten Jahren seiner Regierung oft als ungerechter König beurteilt wurde, obwohl sein Beiname »der Schwarze« wohl eher seinem dunklen Haar zuzuschreiben ist. Der Adel, dem vor allem die Sicherungen der Grenzen zu verdanken war, wurde immer unzufriedener, durch die große Ausdehnung des Reiches war auch die Verwaltung überfordert. 1052 löste die erfolglose Ungarnpolitik Widerstände aus, das Land Sachsen fühlte sich ungerecht behandelt, weil es einen Großteil der Kosten für »die Küche des Kaisers« aufbringen musste. Ein Anschlag in Lesum 1046 durch den Grafen Thietmar, Bruder des Herzogs von Sachsen, konnte knapp verhindert werden, ebenso Pläne zum Sturz und zur Ermordung des jungen Heinrich IV. Auch Gottfried der Bärtige

HEINRICH III.

strebte erneut nach größerer Macht und opponierte in Lothringen; als er dann Beatrix, die Witwe des ermordeten Markgrafen von Tuszien heiratete, ließ Heinrich sie 1055 zusammen mit ihrer Tochter Mathilde gefangen nehmen.

Zentrum von Heinrichs Herrschaft wurde die großzügig ausgebaute Pfalz in dem durch Silberfunde reich gewordenen Goslar. Auch Speyer war einer seiner bevorzugten Aufenthaltsorte, er baute den Dom zur damals größten Kirche des Abendlandes aus und stiftete die prachtvoll illuminierte Handschrift des Codex Aureus.

Die letzten Jahre seiner Herrschaft waren durch die Gegensätze zwischen reformierter Kirche und Reichsregierung stark belastet. Zudem hatte Leo IX. In Italien eine vernichtende Niederlage gegen die Normannen erlitten, 1056 unterlag Heinrichs Heer an der Havelmündung gegen die Slawen. Als der neue Papst Victor II. nach Goslar kam, starb der Kaiser überraschend auf der Jagd im Harz.

Der europäische Silberbergbau, für manche Regionen eine Quelle neuen Reichtums.

Heinrich IV.

* 11.11.1050 Goslar 👑 1056 👑 1084 † 1106 Lüttich
Kaiser Heinrich III. & Agnes von Poitou

Das Leben Heinrichs, der als Tyrann und Antichrist bezeichnet wurde, liest sich spannender als jeder Kriminalroman. Der älteste Sohn Kaiser Heinrichs III. wurde in Köln mit Abt Hugo von Cluny als Paten zunächst auf den Namen Konrad getauft und schon 1053 zum Thronfolger gewählt. Allerdings stellten die Fürsten eine fast revolutionäre Bedingung: Sie würden dem neuen Herrscher nur folgen, wenn er gerecht wäre. In der Zwischenzeit übte Heinrichs Mutter Agnes die Regentschaft aus. 1055 wurde das Kind mit Bertha von Turin aus dem Haus Savoyen verlobt, die am deutschen Königshof aufwuchs; die Hochzeit fand 11 Jahre später statt.

Nach dem Tod Heinrichs III. reiste Papst Victor II., dem an einer geregelten Thronfolge lag, eigens nach Aachen, um das sechsjährige Kind auf den Thron Karls des Großen zu setzen. Der mächtige Erzbischof Anno von Köln beendete 1062 die Regentschaft der Kaiserin durch einen Staatsstreich: In Kaiserwerth am Rhein entführte er den zwölfjährigen Heinrich auf seinem Schiff. Als der Junge ins Wasser sprang, um zu entkommen, wäre er fast ertrunken. Aber ob er wollte oder nicht – Anno wurde sein Mentor. Agnes war eine schwache Regentin, die sich bald, angesichts der vielen Probleme und nachdem in Rom ein neues Schisma entstanden war, ins Kloster zurückzog.

Die Lateransynode unter dem neuen Papst Nikolaus II. hatte 1059 den Kardinälen die entscheidende Rolle bei der Papstwahl zugeschrieben – wie es im Prinzip noch heute üblich ist. Zwar nahm man Rücksichten auf das Gewohnheitsrecht der deutschen Könige, doch das Kirchenrecht wurde in einen höheren Rang erhoben. Die deutschen Bischöfe setzten daraufhin den Papst, der sich zudem mit den Normannen verbündet hatte, ab.

HEINRICH IV.

> **ZÖLIBAT**
>
> Um den Zölibat, den ehelosen Stand für Priester der römisch-katholischen Kirche, wird noch heute heftig diskutiert. In der Bibel nicht verankert, suchte die Kirche seit dem Konzil von Nicäa (325) immer wieder mit wenig Erfolg die Ehelosigkeit der Priester durchzusetzen. Vor allem Gregor VII. und dann Innozenz II. erließen strikte Bestimmungen, die aber meist nicht befolgt wurden. Leo IX. nannte alle Frauen, die mit Priestern lebten, Dirnen, die in den Kirchenstaat als Dienstmägde geschickt werden sollten. Ein norddeutscher Bischof löste damals das Problem dadurch, dass verheiratete Priester außerhalb der Stadtmauern leben mussten.

Nach seiner Schwertleite in Worms übernahm Heinrich 1065 ein heikles politisches Erbe. Er hatte Anno die Entführung samt der Folgezeit nie verziehen; wesentlichen Einfluss auf seine Regierung erhielt nun Erzbischof Adalbert von Hamburg-Bremen. Der Sohn eines thüringischen Grafen, der 1046 auf die Wahl zum Papst verzichtet hatte, wurde jedoch 1066 von Heinrichs Gegnern vom Hof vertrieben. Dass Heinrich nun mehr auf den Rat von niedriger gestellten Ministerialen hörte, ärgerte den Adel von neuem. Mit der Schenkung von 12 Reichsstiften versuchte der König, sich den Adel zu verpflichten. Dann demonstrierte er seine Macht mit einer Kette stark befestigter Burgen im Harz und in Thüringen, die seine Herrschaft territorial verankern und gleichzeitig die Ostgrenze sichern sollte. Es kam zu schweren Kämpfen mit den Sachsen, deren Führung der aus Sachsen stammende bayerische Herzog Otto von Northeim übernommen hatte und dem sich auch die Bischöfe von Magdeburg, Halberstadt und Hildesheim anschlossen. Probleme gab es auch mit Bayern, Schwaben und Kärnten. Heinrichs Sieg 1075 in der blutigen Schlacht in Homburg an der Unstrut sollte sich als trügerisch erweisen.

Heinrich hatte seinen Romzug immer wieder aufschieben müssen. Auch Italien schien nun seiner Kontrolle zu entgleiten. 1073 war der Reformer Gregor VII. zum Papst erhoben worden, der mit voller Härte die Eigenständigkeit und Dominanz der Kirche einforderte. Sie allein sollte das Recht haben, Bischöfe und Kaiser ein- oder abzusetzen. Nicht nur, dass er erstmals den Zölibat eisern durchsetzte und gegen die Simonie, den Ämterkauf, vorging – er verlangte von allen Christen unbedingten Gehorsam.

1075 kam es bei der Ernennung des Bischofs von Mailand zum Konflikt. 26 deutsche Bischöfe kündigten dem Papst den Gehorsam auf, Heinrich warf ihm vor, die Würde und die Rechte des Königs zu missachten, und löste damit den Investiturstreit aus, der zu einem erbitterten Kampf zwischen König und Papst werden sollte.

Heinrichs fromme Mutter Agnes war 1076 in Rom dabei, als Gregor den Bann über den Kaiser aussprach und damit auch die Untertanen Heinrichs vom Treueid löste. Dieser ungeheure Vorgang erschütterte die ganze christliche Welt. Heinrich seinerseits ließ den Papst durch den Bischof von Utrecht bannen. Aber er hatte die Situation wohl falsch eingeschätzt, indem er aus dem theokratischen Selbstverständnis seines Ranges handelte. Nun plante der

HEINRICH IV.

rebellische Adel ein Bündnis mit dem Papst, doch Gregor lenkte ein und beabsichtigte, zu Verhandlungen nach Deutschland zu reisen. Heinrich wollte ihm zuvorkommen und beschloss, mitten im Winter, von Frau und Sohn begleitet, nach Italien zu gehen. Der Papst, der zunächst einen kriegerischen Angriff fürchtete, suchte Schutz bei Mathilde von Tuszien auf der Burg Canossa. Dort ließ er den König im Büßergewand drei Tage barfuß in der Januarkälte des Jahres 1077 warten, bis er ihn vom Bann lossprach. War der Büßergang nach Canossa eine Unterwerfung oder ein taktischer Schachzug? Folgenreich war jedenfalls, dass Heinrich den Papst als Richter anerkannt hatte.

Grabmal des Gegenkönigs Rudolf von Schwaben im Dom von Merseburg.

1076 hatte die Fürstenversammlung von Trebur die Absetzung Heinrichs verlangt. 1077 wählte sie in Forchheim einen neuen König: Rudolf von Rheinfelden. Er war 1057 von Kaiserin Agnes mit dem Herzogtum Schwaben belehnt und mit ihrer Schwester verheiratet worden. Nach seiner Rückkehr setzte Heinrich ihn sofort als Herzog ab, ebenso die rebellischen süddeutschen Herzöge Welf IV. und Berthold von Zähringen. Das Kriegsglück der Rivalen Heinrich und Rudolf blieb wechselhaft, erst 1080 unterlag Rudolf in der Schlacht an der Elster – kurz nachdem Gregor VII. ihn anerkannt hatte. Der nächste, 1081 gewählte, Gegenkönig Hermann von Salm blieb bedeutungslos. Das frei gewordene schwäbische Herzogtum war 1079 an Herzog Friedrich I. von Staufen gefallen, der gleichzeitig Heinrichs Tochter Agnes heiratete.

1080 hatte Gregor den König abermals gebannt, diesmal gab es aber eine breite Opposition. 1081 zog Heinrich mit seinem Heer nach Rom. Er hatte die Stadt noch nicht ganz erobert, als sich Gregor, nicht verhandlungsbereit und vom Großteil des Klerus im Stich gelassen, in der Engelsburg verschanzte. 1084 konnte der König in die Stadt einziehen. Eine schnell einberufene Synode inthronisierte Wibert von Ravenna als Papst Clemens III., der Heinrich und Bertha umgehend die Kaiserkrone aufsetzte. Nach dem Abzug der kaiserlichen Truppen erschienen die von Gregor so lange erwarteten Normannen unter Robert Guiskard – doch nicht, um dem Papst beizustehen, sondern um Rom zu plündern. Gregor war gezwungen, den Normannen nach Salerno zu folgen, wo er 1085 starb.

Heinrich hoffte nun auf einige ruhige Jahre in Deutschland und ließ 1084 in Mainz den Gottesfrieden für sein Reich verkünden. Die Opposition war stark geschwächt, auf Heinrichs Seite stand auch der von ihm 1085 zum König erhobene Wratislaw von Böhmen. 1087 ließ Heinrich seinen Sohn Konrad zum Mitkönig und Thronfolger krönen. Dieser aber sollte sechs Jahre später das politische Lager wechseln.

Nach dem Tod seiner Frau Bertha hatte Heinrich 1088 Praxedis (Adelheid), Tochter des Großfürsten von Kiew geheiratet. Da Heinrich bald an ihrer ehelichen Treue zweifelte, hielt er sie in Verona wie eine Gefangene, worauf sie 1094 zu Mathilde von Tuszien nach Canossa floh. Die Affäre beschäftigte zwei Synoden. Die Aussagen seiner Frau belasteten den Kaiser stark; 1106 trat Praxedis in ein Kiewer Kloster ein.

Seit 1088 saß mit Urban II. ein neuer Reformer auf dem Papstthron. Hart in der Sache, taktierte er doch geschickter als Gregor. Die Kirche hatte ein leichteres Spiel, nachdem die Idee einer gottgewollten Herrscherdynastie und eines göttlichen Mandats des Kaisers in Misskredit geraten war, und manch ein Oppositioneller sah seine Chance. Vor allem die bedeutenden Reformklöster Hirsau und St. Blasien missachteten die Autorität des Königs.

HEINRICH IV.

Als Heinrich 1090 den Kampf mit dem Reformpapsttum in Italien aufnehmen wollte, unterlag er nach anfänglichen Erfolgen bei Canossa.

1093 traf er in Italien als neuen Gegner auf eine deutsch-italienische Koalition unter dem Kommando seines zum Thronfolger gekrönten Sohnes Konrad, die ihm den Rückweg nach Deutschland versperrte. Nach der Aussöhnung mit den Welfen und deren Wiederbelehnung mit Bayern – Welf IV. hatte sich von seiner Frau Mathilde von Tuszien getrennt – konnte Heinrich schließlich 1097 nach Deutschland zurückkehren; an Stelle des abtrünnigen Sohnes Konrad ließ er den jüngeren Sohn Heinrich 1099 in Aachen zum König krönen.

Linke Seite: Ein Kaiser im Büßergewand: Heinrich IV. in Canossa.

Durch die in Kleinasien vordringenden Seldschuken war eine neue Gefahr für das christliche Abendland entstanden. Der Aufruf Urbans II. zur Befreiung des Heiligen Grabes 1095 bei der Synode von Clermont fand ein begeistertes Echo, 1096 brach Gottfried von Bouillon zum ersten Kreuzzug auf und eroberte 1099 Jerusalem.

Der neue Papst Paschalis II. zeigte sich kompromisslos bei der Wiederherstellung der kirchlichen Einheit und belegte 1102 den Kaiser erneut mit dem Bann (der erst 1111, fünf Jahre nach Heinrichs Tod, gelöst wurde), obwohl Heinrich sich als Buße zum Kreuzzug nach Jerusalem bereit erklärte. 1104 verband sich Sohn Heinrich mit dem pro-römischen Adel und im darauf folgenden Jahr standen die Heere von Vater und Sohn einander bei Regensburg gegenüber. Es kam nicht zur Schlacht, aber Heinrich nahm den Vater gefangen und ließ sich die Reichsinsignien ausliefern. Der Kaiser wurde zur Abdankung gezwungen, verweigerte jedoch ein öffentliches Sündenbekenntnis. 1106 konnte Heinrich aus der Haft in Ingelheim entkommen und floh nach Lüttich. Er starb jedoch, bevor es zu einer militärischen Auseinandersetzung mit seinem Sohn kommen konnte.

Die Synode von Clermont: Papst Urban II. ruft zum Kreuzzug auf.

HEINRICH IV.

> **KREUZZÜGE**
>
> Von Ende des 11. bis zum 13. Jahrhundert fanden insgesamt sieben »Kreuzzüge« statt; hinzugerechnet werden muss der sogenannte Kinderkreuzzug von 1212 (in Wirklichkeit wahrscheinlich ein Zug armer Leute – Knechte, Landarbeiter, Tagelöhner. Es handelte sich dabei um Kriegszüge zur Rückeroberung der heiligen Stätten der Christenheit von der islamischen Herrschaft. Der Anlass für die Kreuzzugsbewegung war die Eroberung Jerusalems durch türkische Seldschuken im Jahre 1070. Papst Gregor VII. trug sich sogar mit der Absicht, persönlich ein Heer gegen die Araber in den Orient anzuführen; das Papsttum verstand sich selbst als Vorkämpfer gegen das Heidentum. – Zum ersten Kreuzzug rief Papst Urban II. während des Konzils von Clermont (1095) auf. Von blutigen Judenpogromen und Plünderungen auf deutschem, französischen und ungarischen Gebieten begleitet, begann dieser »Volkskreuzzung« 1096 und endete 1099 mit der Eroberung Jerusalems durch französische und normannische Ritter unter Führung Gottfrieds von Bouillon. Auf militärische Gegenschläge des Islams hin antwortete das Reich bis 1270 mit weiteren Kreuzzügen, an denen auch Konrad III., Friedrich I. Barbarossa und Friedrich II. beteiligt waren. – Neben religiösen auch von wirtschaftlichen und politischen Motiven geleitet, kosteten die Kreuzzüge Tausende von Menschen das Leben; sie führten allerdings auch zu einer Kulturbegegnung, durch die das christliche Abendland eine anfängliche Kenntnis von Islam und orientalischer Lebensweise erhielt.

Bischof Erlung von Würzburg rühmt die »hohe Geisteskraft und große Einsicht« des Kaisers, auch dass er, 1,80 m groß, alle im Kreis der Fürsten überragte. Heinrich hat wohl die Tragweite der kirchlichen Reformbewegung unterschätzt, aber sein Land gestärkt, indem er die zu dieser Zeit aufblühenden Städte mit Zollfreiheiten förderte.

Maurische Reiter kämpfen gegen christliche Kreuzfahrer.

Heinrich V.

* 1086   1106   1111   † 23.5.1125 Utrecht
Eltern: Heinrich IV. & Bertha von Turin

Silbermünze mit Bildnis Heinrichs V.: Gekröntes Hüftbild mit Schwert und Zepter.

Der jüngste Sohn Kaiser Heinrichs IV. wurde an Stelle seines abtrünnigen älteren Bruders Konrad von seinem Vater zum Thronfolger ernannt und 1099 zum Mitkönig in Aachen gekrönt. Da Konrad 1101 starb, wurde ein Bruderzwist vermieden, aber wie sein Bruder erhob Heinrich sich im Bund mit Adel und Kirche gegen den Vater, nahm ihn gefangen, zwang ihn zur Abdankung und ließ sich 1106 in Mainz zum König erklären. Als erstes wurde mit den Verbündeten des Vaters abgerechnet.

Da auch Heinrich am königlichen Investiturrecht festhielt, kam es vorläufig zu keiner Einigung mit dem Papst. Aber er sicherte sich die Unterstützung des der Reformbewegung nahestehenden Adels, auch durch die Verheiratung seiner Schwester Agnes, Witwe Friedrichs von Staufen, mit dem Babenberger Markgrafen Leopold. Der Frieden war zumindest in Deutschland wiederhergestellt. 1110 verlobte sich Heinrich mit der achtjährigen Mathilde, Tochter König Heinrichs I. von England, die mit einer reichen Aussteuer nach Mainz zur Krönung kam, bevor sie zur Erziehung dem Trierer Erzbischof übergeben wurde. 1114 wurde die Ehe geschlossen, die jedoch ohne Kinder blieb.

1111 machte sich Heinrich nach Italien auf. Der mitreisende Chronist Otto von Freising beschrieb eindrucksvoll das riesige Heer, angesichts dessen Papst Paschalis II. nichts anderes übrig blieb, als die königlichen Regalien zurückzugeben und die Kaiserkrönung zu versprechen. Im Tausch gegen die konfiszierten Reichsgüter erhielt er jedoch sein Investiturrecht – ein Handel, der zum Protest der deutschen Fürsten und Bischöfe, zu Tumulten bei der bevorstehenden Krönung in St. Peter und zur Gefangennahme des Papstes

HEINRICH V.

führte. Im Vertrag von Ponte Mammolo bestätigte der Papst wenig später das Investiturrecht des Kaisers – endlich konnte die Krönung stattfinden.

Kaum war Heinrich nach Deutschland zurückgekehrt, widerrief der Papst sein Zugeständnis, 1112 sprach die Synode von Vienne den Bann über den Kaiser aus. Der Adel fühlte sich zu neuem Widerstand ermutigt, angeführt von Heinrichs früherem Kanzler, dem Erzbischof Adalbert von Mainz. Es kam zu verschiedenen militärischen Zusammenstößen, aber auch zu Friedensgesprächen mit dem Sachsenherzog Lothar von Supplinburg. Ludwig von Thüringen musste sich jedoch unterwerfen und wurde gefangen genommen. Der Hoftag in Mainz wurde 1114 glanzvoll begangen, aber noch im selben Jahr unterlag Heinrich in Andernach einem Bündnis der niederrheinischen Städte, denen sich nun auch die Sachsen anschlossen, angeführt von Lothar von Supplinburg. Die Lage schien hoffnungslos, nachdem das Heer des Kaisers 1115 auch die Schlacht am Welfenholz bei Mansfeld verlor. Zudem wurde ein neuer Bann über den Kaiser verhängt.

Heinrich machte sich 1116 wieder nach Italien auf, das loyal geblieben war, und konnte Tuszien als sein Erbe von Mathilde übernehmen. In Rom kam es jedoch mit den mehrfach wechselnden Päpsten zu keiner Versöhnung, in Deutschland nur zu einem befristeten Waffenstillstand. Nach langen Verhandlungen wurde aber schließlich erreicht, dass Heinrich und Calixtus II. im Jahre 1122 vor den Toren der Stadt das Wormser Konkordat unterzeichneten, das zwar viele Kompromisse enthielt, es dem König aber ermöglichte, die Kirche in den Dienst seines Reiches zu stellen.

Heinrich war jetzt zwar vom Bann befreit, konnte sich aber politisch nicht mehr durchsetzen. Ein Kriegszug nach Frankreich zur Unterstützung seines englischen Schwiegervaters scheiterte.

Schwer krank begab sich Heinrich nach Utrecht und setzte kurz vor seinem Tod als Stellvertreter seine staufischen Neffen Herzog Friedrich II. und den späteren König Konrad III. ein.

Kaiser Heinrich V. vereinbart mit Papst Calixtus II. das Wormser Konkordat.

Lothar III. von Supplinburg

* um 1075  1125 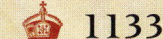 1133
† 4.12.1137 Breitenwang bei Reute/Tirol
Eltern: Graf Gebhard von Supplinburg & Hedwig von Formbach

Der Sohn einer wenig bekannten Grafenfamilie aus der Region um Braunschweig konnte durch die reiche Mitgift seiner Frau Richenza von Northeim, Tochter Graf Heinrichs des Fetten, seinen Besitz erheblich vergrößern. Als Nachfolger des Billungerherzogs Magnus wurde er 1106 Herzog von Sachsen. Verbündet mit Erzbischof Adalbert I. von Mainz besiegte er Kaiser Heinrich V. in der Schlacht am Welfenholz bei Mansfeld und kandidierte, wieder mit Unterstützung Adalberts, nach dem Tod Heinrichs V. 1125 als König gegen den Stauferherzog Friedrich II. Es war ein Sieg des Wahlrechts über das Erbrecht, wobei Lothar sicher zugute kam, dass er kein Salier war und wohl keine männlichen Erben zu erwarten waren. Zwei Wochen nach seiner Wahl 1125 wurde er in Aachen zum König gekrönt.

Die Staufer waren allerdings mit der Wahl nicht einverstanden und riefen später einen Gegenkönig aus. Der welfische Bayernherzog gab seine Opposition jedoch auf, als sein Sohn Heinrich der Stolze Lothars Tochter und Alleinerbin Gertrud zur Frau erhielt. Ihr einziger Sohn, Heinrich der Löwe, sollte später eine wichtige Rolle in der Geschichte spielen.

In Rom kam es erneut zu einem Schisma, bei dem Lothar auf der Seite von Papst Innozenz II. gegen Anaklet II. stand, der vom Normannenkönig Roger II. von Sizilien unterstützt wurde. Auf der Suche nach Hilfe war Innozenz nach Frankreich gekommen, wo er in Bernhard von Clairvaux einen Fürsprecher gewann. 1131 traf er Lothar zu Verhandlungen in Lüttich. Als Lothar 1133 nach Rom kam, fand er den Petersdom von Anaklet besetzt – die Kaiserkrönung wurde im Lateran vollzogen. Es gelang Lothar, die

LOTHAR III. VON SUPPLINBURG

Lothar III. von Supplinburg mit Gemahlin Richenza; diese Darstellung einer Krönung durch göttliche Hand stammt aus dem Evangeliar Friedrichs des Löwen.

Königsrechte bei der Investitur zu wahren sowie die mathildischen Güter zu sichern, doch Roger II. blieb unbesiegt.

Nach seiner Rückkehr schlug Lothar den Stauferaufstand nieder, 1135 huldigten ihm die Herzöge in Bamberg. Nur kurz konnte er sich der Grenzsicherung widmen, denn 1136 musste er wieder nach Italien ziehen. Byzanz und Venedig hatten auf dem Reichstag von Magdeburg dringend um Unterstützung gegen Roger II. von Sizilien gebeten. In Roncaglia in der Po-Ebene, wo sich traditionell die deutschen Truppen versammelten, erließ Lothar neue Lehnsgesetze, bevor er bis Apulien vorstieß. Differenzen mit Innozenz II. und die unerträgliche Hitze zwangen Lothar jedoch zur Umkehr. Er starb überraschend in einer Berghütte in den Alpen, nicht ohne zuvor die Reichsinsignien und das Herzogtum Sachsen seinem Schwiegersohn Heinrich dem Stolzen übergeben zu haben, dem er zuvor noch Tuszien übertragen hatte.

Lothar, der wegen der Wahlunterstützung durch den Klerus oft abwertend als »Pfaffenkönig« bezeichnet wurde, war es immerhin gelungen, Sachsen wieder in das Reich zu integrieren.

Konrad III.

* 1093 ♛ 1138 † 15.2.1152 Bamberg
Eltern: Friedrich von Staufen & Agnes, Tochter Heinrichs IV.

Nach dem plötzlichen Tod Lothars 1137 wurde die Wahl des neuen Königs eilig für das folgende Pfingstfest angesetzt. Da Papst Innozenz II. den mächtigen Bayernherzog Heinrich fürchtete, schlug er Konrad von Staufen, den jüngeren Bruder Friedrichs II. von Schwaben vor. Die Wahl wurde vorgezogen, und eine Minderheit von Fürsten wählte Konrad III. 1138 in Koblenz zum König, nur eine Woche später wurde er in Aachen durch den päpstlichen Legaten gekrönt.

Die Staufer waren seit dem 11. Jahrhundert aufgestiegen. Nachdem der Schwabenherzog Rudolf von Rheinfelden sich als Gegenkönig gegen Heinrich IV. gestellt hatte, erhielt Friedrich von Staufen das schwäbische Herzogtum zugesprochen. Sein Sohn Konrad war von Heinrich V. schon einmal als Stellvertreter eingesetzt worden, durch seine Heirat mit Gertrud von Comburg konnte er seinen Besitz in Franken erweitern. Zur Zeit des Todes Kaiser Heinrichs V. befand er sich gerade auf einer Pilgerfahrt im Heiligen Land. Sein Bruder Friedrich war damals bei der Königswahl Lothar III. unterlegen. Daraus folgte ein mehrjähriger Konflikt zwischen den Staufern und Lothar. Unterstützt von den Stauferanhängern hatte Konrad 1128 die Alpen überschritten und sich in Monza zum italienischen König krönen lassen. Er wurde vom Papst gebannt, kehrte 1131 nach Deutschland zurück und legte den Königstitel ab. Nach der Versöhnung mit Kaiser Lothar III. erwarb er sich sowohl als Diplomat wie als Heerführer Verdienste.

Konrad hatte schon mehrere illegitime und legitime Kinder, als er 1132 in zweiter Ehe Gertrud von Sulzbach heiratete.

KONRAD III.

Nachdem Konrad 1138 zum König gewählt worden war, protestierte natürlich der welfische Herzog Heinrich der Stolze, Schwiegersohn Lothars III.; ihm wurde Bayern entzogen und er fiel unter die Reichsacht. Heinrichs Herzogtum Sachsen ging an die Askanier, Bayern an Markgraf Leopold IV. von Österreich. Kaiserin Richenza, die Witwe Lothars III., schlug sich auf die Seite der Welfen. Der Konflikt zog sich mit wechselndem Kriegsglück durch die ganze Regierungszeit Konrads. Noch Jahrzehnte lang und über die Grenzen hinaus gingen die blutigen Auseinandersetzungen zwischen Welfen (Guelfen) und Staufern (Waiblingen, Ghibellinen) weiter, wenn auch später als innerstädtische Konflikte in Italien unter anderen Voraussetzungen.

1140 besiegte Konrad die Welfen in der Schlacht von Weinsberg. Sie ist noch heute berühmt, weil der König den Frauen von Weinsberg nach der Besetzung erlaubte, das, was sie tragen konnten, mitzunehmen. Zur allgemeinen Verblüffung schleppten sie ihre Männer huckepack aus der Stadt.

Konrad führte zwar den Titel eines römischen Königs, um seinen Anspruch auf die Kaiserwürde zu untermauern, musste seine Romreise aber immer wieder aufschieben. Sein böhmischer Feldzug 1142 verlief glücklich, weniger Erfolg hatte er allerdings gegen Polen. Als möglichem Bündnispartner gegen die Normannen pflegte Konrad intensive diplomatische Beziehungen zu Byzanz. Kaiser Manuel I. Komnenos heiratete Konrads Schwägerin Bertha, die dafür eigens vom König adoptiert worden war.

1144 hatten die Kreuzritter eine schwere Niederlage in Edessa erlitten. Auf Bitten des Papstes zog Bernhard von Clairvaux wie ein Wanderprediger durch die Lande. Dessen Aufruf in Speyer begeisterte Konrad so sehr, dass er, statt endlich nach Rom zu ziehen, 1147 mit einem riesigen Heer, das der französische König Ludwig VII. anführte, zum Kreuzzug nach Jerusalem aufbrach. Seinen Sohn Heinrich hatte er vorher zum Thronfolger erklären lassen. Noch bevor Konrad Kleinasien erreichte, bekam er Probleme mit den Normannen und blieb in Konstantinopel, um mit Kaiser Manuel über das weitere Vorgehen gegen den Normannenkönig Roger II. von Sizilien zu beraten. 1148 traf er nach längerer Schiffsreise in Jerusalem ein, musste aber 1149, schwer an Malaria erkrankt, zurückkehren, um in Deutschland neue Schlachten gegen die Welfen zu schlagen.

Ludwig VII. von Frankreich nimmt das Kreuz. Vorne links Bernhard von Clairvaux, dessen Aufruf zum Kreuzzug Konrad III. mit einem riesigen Heer folgte.

Konrad war ein König mit vielen großen, aber unverwirklichten Plänen. Sein Sohn, der Thronfolger Heinrich, starb 1050, der zweite Sohn, Friedrich, war bei Konrads Tod noch ein Kind. Daher schlug der König seinen Neffen, Herzog Friedrich von Schwaben, zum Nachfolger vor.

Friedrich I. Barbarossa

* 1122 Waiblingen   👑 1152   👑 1155
† 10.6.1190 im Fluss Saleph/Kleinasien
Eltern: Herzog Friedrich II. der Einäugige von Schwaben & Judith, Welfin

Barbarossa, der Rotbart, sollte das Reich wieder zu neuen Höhen führen. Noch heute lebt er in der Sage fort, ihr zufolge schlafend im Kyffhäuser, einem Berg im Harz, aus dem der Kaiser in Notzeiten wiederkehren soll. (Die Sage bezog sich ursprünglich auf seinen Enkel, den »Endkaiser« Friedrich II., wurde aber im 16. Jahrhundert auf Friedrich Barbarossa hin umgedeutet). Friedrich erbte 1147 das Herzogtum seines Vaters, sein Onkel König Konrad III. gab ihm 1149 Adela von Vohburg zur Frau. Die Ehe wurde jedoch 1153 wegen zu enger Verwandtschaft der Eheleute aufgelöst. 1156 heiratete Friedrich die dreizehnjährige Beatrix von Burgund, die französische Lebensart und provenzalische Minnesänger an den deutschen Hof brachte und ihrem Mann zwölf Kinder schenkte.

Wie von König Konrad III. vorgeschlagen, wurde Friedrich 1152 in Frankfurt einstimmig zum König gewählt, in der Hoffnung, durch ein Mitglied beider Familien, das zudem noch ein Enkel der salischen Kaisertochter Agnes war, den ständigen Zwist zwischen Staufern und Welfen zu beenden. Nach der Krönung in Aachen gelobte Friedrich am Grab Karls des Großen, »die alte Kaiserherrlichkeit« wiederherzustellen. Bald traf er sich auch mit Heinrich dem Löwen, dem er freie Hand im Nordosten Deutschlands ließ, wo der Welfe fast wie ein König herrschen sollte. 1156 fanden die beiden eine salomonische Lösung für das alte welfische Herzogtum Bayern, das man den Babenbergern nicht so einfach wegnehmen konnte. Heinrich erhielt Bayern, aber der östliche Teil, *ostrici,* wurde für den Markgrafen Heinrich II. Jasomirgott abgetrennt, der zum Herzog von Österreich, wie das Land seither heißt, erhoben wurde.

FRIEDRICH I. BARBAROSSA

Bald fanden auch Verhandlungen mit Papst Eugen III. statt – Friedrich wollte die Wiederherstellung des Römischen Reiches und sagte die Wahrung der Kirchenprivilegien zu. 1154 brach er, begleitet von Heinrich dem Löwen, zum ersten seiner sechs Italienzüge auf. Unterwegs wurde die Universität Bologna besucht, die Friedrich das erste Universitätsprivileg verdankte.

Der englische Papst Hadrian IV. benötigte dringend Unterstützung – gegen den Reformator Arnold von Brescia, der gegen Kaiser und Papst und für christliche Armut predigte, gegen die Byzantiner und gegen die Normannen, mit denen Hadrian jedoch wenig später, ohne Friedrich davon in Kenntnis zu setzen, einen Friedensvertrag gegen Zinszahlung schloss. Auf der Engelsbrücke musste Heinrich der Löwe gegen die rebellischen Römer kämpfen, bevor Friedrich im Petersdom zum Kaiser gekrönt werden konnte.

Die Hochzeit Friedrichs I. Barbarossa mit Beatrix von Burgund.

Zurück in Deutschland begann Friedrich tatkräftig, seine imperiale Politik zu verfolgen, unterstützt von seinem zwar unbestechlichen und loyalen, aber rücksichtslosen Kanzler Rainald von Dassel, dem Erzbischof von Köln (1120-1167). Auf Rainalds Betreiben wurde Friedrichs Vorbild Karl der Große 1165 von Papst Paschalis III. heilig gesprochen; Rainald lässt auch eine Kaiserhymne dichten, und die Formulierung *sacrum imperium* für das Reich geht ebenfalls auf ihn zurück.

Nachdem bis 1158 die Nord- und Ostgrenzen in Deutschland gefestigt waren, galten die nächsten Italienzüge vor allem der stärkeren Einbindung des Besitzes in Ober- und Mittelitalien in das Reich. Juristen der Universität Bologna berieten den Kaiser bei der Festsetzung von Regalien und Steuern – die reichen lombardischen Städte waren lange eine gute Einnahmequelle für die Staatskasse gewesen. Ihr Streben nach Unabhängigkeit sollte jedoch bald zu brutalen Kriegen führen, 1162 brannte Mailand. Das Heer, durch die vielen Kriege geschwächt, unterlag schließlich 1176 in der Schlacht von Legnano. Heinrich der Löwe hatte seine Unterstützung verweigert, nachdem der Kaiser ihm nicht das silberreiche Goslar abtreten wollte. Der Frieden von Venedig regelte zwar das Verhältnis zu den lombardischen Städten, doch deren Kampf um die alten kommunalen Freiheiten sollte weitergehen.

Auch das Verhältnis zum Papst hatte sich verschlechtert; seit 1160 gab es erneut ein, diesmal 18 Jahre währendes, Schisma. Die Mehrheit der Kurie hatte Alexander III. gewählt, eine Minderheit Viktor IV. Auf dem Konzil von Pavia erkannte Friedrich Viktor an und ließ Alexander, der von Frankreich und England unterstützt wurde, bannen. »Wer hat die Deutschen zu Richtern über die Völker bestellt?«, fragt anklagend der Bischof von Chartres.

Statt nach dem Tod Viktors einzulenken, ließ Rainald ohne Wissen des Kaisers Paschalis III. als neuen Papst inthronisieren. Friedrich musste das Problem lösen und zog mit einem großen Heer, das erstmals durch Söldner verstärkt worden war, gen Süden. 1167 floh Alexander III. aus Rom, Paschalis III. konnte Beatrix zur Kaiserin krönen. Eine verheerende Malaria-Epidemie, an der viele Adlige und auch Rainald starben, zwang jedoch zur Aufgabe weiterer Pläne.

Das Ende der Politik militärischer Stärke zeichnete sich ab. Friedrich verlegte sich nun mit viel Geschick auf die Diplomatie. 1178 trat Beatrix ihr

Heinrich der Löwe 1129-1195

Er war einer der mächtigsten Vasallen Friedrich I. Barbarossas, und sein Hof war prächtiger als alle Pfalzen des Kaisers. Noch heute erinnert der große Bronzelöwe in Braunschweig an seine Herrschaft, 1166 entstanden, ist dies die erste große Freiplastik des deutschen Mittelalters. Heinrich war der große Förderer und Gründer von Städten – Lübeck und München gehören dazu. Der Welfe Heinrich, Herzog von Bayern und Sachsen, und sein sieben Jahre älterer staufischer Vetter Friedrich hatten die alte Fehde zwischen ihren Häusern zwar bald nach Friedrichs Wahl zum König beendet, doch der Frieden sollte nicht lange halten – zu verschieden waren ihre Interessen und Charaktere. Als Heinrich in Chiavenna dem Kaiser militärische Hilfe verweigerte und auch in Deutschland mehrfach das Recht brach, fiel er unter die Acht und verlor seine Herzogtümer. Verheiratet mit Mathilde, der Tochter König Heinrichs Plantagenets, ging er 1181 ins Exil nach England. Wortbrüchig kehrte er zurück, um erneut gegen den Kaiser zu kämpfen, unterlag jedoch wieder. Erst kurz vor seinem Tod versöhnte der Welfe sich mit Barbarossas Nachfolger, Heinrich VI.

FRIEDRICH I. BARBAROSSA

Erbe in Burgund an, Friedrich wurde in Arles zum König gekrönt. 1187 kam es zu einem deutsch-französischen Bündnis, das Staufer und Kapetinger gegen Welfen und Plantagenets einte. Heinrich der Löwe, der mehrfach den Frieden gebrochen hatte, fiel 1189 unter die Reichsacht und wurde nach England verbannt, wo er Mathilde, die Tochter des Königs, heiratete. Er sollte sich erst 1194 mit dem Kaiser versöhnen; der hieß dann allerdings bereits Heinrich VI.

1184 feierte die kaiserliche Familie mit den Fürsten in Mainz mit allem Glanz der ritterlich-höfischen Kultur prunkvoll die Schwertleite von Friedrichs Söhnen. Heinrich VI., seit 1169 designierter Thronfolger, wurde zwei Jahre später mit Konstanze von Sizilien verlobt. Die anschließende Heirat war allerdings dem Papst nicht recht, und der sich daraus entwickelnde Dauerstreit mit Rom wurde erst 1189 unter Clemens II. beendet – denn nun war die Kirche wieder auf die Hilfe der Politik angewiesen, nachdem 1187 Jerusalem in die Hände der Muslime gefallen war. Friedrich, der den Kreuzzug auch als eine Art Erfüllung für einen christlichen Kaiser ansah, brach 1189 von Regensburg aus ins Heilige Land auf, nicht ohne zuvor seinen Sohn Heinrich als Regenten eingesetzt zu haben. – Der Kaiser ertrank beim Überqueren des Flusses Saleph in Kleinasien.

Truppen Papst Alexanders III. in der Seeschlacht gegen Friedrich I. Barbarossa.

Friedrich besaß alle Eigenschaften, die das ritterliche Lebensideal seiner Zeit verlangte; auch eine große politische Begabung war ihm eigen. Er hatte Sinn für Würde, Recht und Gerechtigkeit, war eloquent und lernfähig. Doch ging die Zeit der Feudalherrschaft mit ihrer straffen Lehenshierarchie unter der Krone mehr und mehr ihrem Ende zu.

Kaiser Friedrich I. Barbarossa ertrinkt im Saleph.

Heinrich VI.

* 1165 Nimwegen 👑 1169 👑 1191 † 28.9.1197 Messina
Eltern: Friedrich I. Barbarossa & Beatrix von Burgund

Der älteste Sohn Kaiser Friedrichs I. war kränklich und starb früh. Deshalb wurde der zweite Sohn Heinrich bereits mit vier Jahren in Aachen zum König gekrönt. 1186 heiratete er in Mailand die elf Jahre ältere Konstanze, Tochter König Rogers von Sizilien. Das Fest in Mailand war glanzvoll, und noch glanzvoller war die Mitgift, die auf 150 Tragtieren antransportiert wurde, die 40 000 Pfund in Gold waren noch nicht einmal dabei. Der Papst war mit dieser Ehe nicht einverstanden, weil er eine zu große Staufermacht fürchtete, und er billigte auch nicht, dass der Vater seinen Sohn, der ihn nun in Italien vertrat, zum Mitkaiser ernannt hatte. Als Konstanzes Neffe, König Wilhelm, starb, wurde entgegen allen Vereinbarungen Tankred von Lecce König von Sizilien, der sich mit dem englischen König Richard Löwenherz (1157–1199) verbündete und auch vom Papst unterstützt wurde. Heinrich wollte die Ansprüche seiner Frau durchsetzen, schloss 1190 einen Kompromissfrieden mit Heinrich dem Löwen und zwang Cölestin III. 1191, ihn zum Kaiser zu krönen. Wegen einer schweren Malariaseuche musste er sich jedoch mit seinem Heer vor Neapel zurückziehen; Konstanze wurde von Tankred gefangen genommen.

Die Fürsten am Mittel- und Niederrhein hatten sich inzwischen gegen Heinrichs Politik verbündet, unterstützt von England, Sizilien und dem Papst. Da rettete ihn 1192 die Verhaftung von Richard Löwenherz, den Leopold IV. von Österreich in Dürnstein gefangen hielt und dem Kaiser auslieferte. Heinrich erpresste ein Lösegeld von umgerechnet mehreren Millionen Euro (34 Tonnen reines Silber), teilbar mit Leopold, dazu militärische

HEINRICH VI.

Hilfe gegen Tankred und die Lehenshuldigung Englands. Richard kam erst 1194 frei.

Tankred war 1194 gestorben; die Insel Sizilien ließ sich angesichts der sich nun entwickelnden Führungskrise rasch einnehmen. Heinrich wurde Weihnachten 1194 in Palermo gekrönt, Konstanze übernahm die Regentschaft. Nach der Aufdeckung einer Verschwörung wurde Tankreds Familie nach Deutschland verbannt, deutsche Ministerialen übernahmen die Verwaltung Siziliens. Mit einiger Mühe und mit Bestechung gelang es, Heinrichs kleinen Sohn Friedrich 1196 in Deutschland zum König wählen zu lassen.

Heinrich spielte in Gedanken mit den alten Eroberungsplänen der Normannen im Mittelmeer, bereitete sich dann aber auf die Teilnahme am Kreuzzug vor. Kurz vor der Abreise brach jedoch in Sizilien ein Aufstand aus, den Heinrich grausam unterdrücken ließ. Er musste in Sizilien bleiben und starb, als die Flotte der Kreuzfahrer in See stach, wohl an den Folgen der Malaria. Nach seinem Tod brachen überall Aufstände in Italien aus.

Heinrich war ein anderer Charakter als Friedrich, härter und nicht so aufgeschlossen. Nach französischen Vorbildern begannen die deutschen Minnesänger zu schreiben, gefördert von Heinrich, der selbst einige Gedichte beisteuerte.

> **MINNESANG**
> Die Minne war das Ideal der höfischen Liebe, und der Minnesang wurde zur Hauptform der höfischen Lyrik des Mittelalters, in der die mittelhochdeutsche Sprache zur vollendeten Form fand. Erhalten sind uns die Gedichte von Walter von der Vogelweide, Heinrich von Morungen oder Neidhart von Reuenthal in vielen Handschriften, besonders schön in der illustrierten Manessischen Handschrift.

Unten links: Goldenes Siegel Heinrichs VI.

Heinrich VI. (Miniatur im Liber ad honorem Augusti des Petrus de Ebulo).

Philipp von Schwaben

* 1176/77   ♛ 1198   † 21.6.1208 Bamberg
Eltern: Friedrich I. Barbarossa & Beatrix von Burgund

Der jüngste Sohn Kaiser Friedrichs I. war in Köln zum Geistlichen ausgebildet worden, wurde Propst von Aachen und Bischof in Würzburg. Die geistlichen Würden legte er nieder, um seinen Bruder Heinrich VI. zur Kaiserkrönung nach Italien zu begleiten. 1195 wurde er als Herzog von Tuszien Verwalter der mathildischen Güter und nach dem Tod seines Bruders Konrad Herzog von Schwaben. 1197 heiratete Philipp die byzantinische Kaisertochter Irene. Walter von der Vogelweide, der ihr wohl auf dem Reichstag von Magdeburg begegnet war, besang sie als »Rose ohne Dornen«. Unter ihren sieben Kindern befanden sich nur zwei Söhne, die früh starben.

Als Philipp 1197 nach dem Tod seines Bruders dessen kleinen Sohn Friedrich II. zur Krönung von Sizilien nach Deutschland geleiten sollte, musste er in Tuszien wegen der Aufstände umkehren. Konstanze verzichtete für Friedrich auf die deutsche Krone und ließ das Kind stattdessen zum König von Sizilien krönen. In Deutschland hatte sich Erzbischof Adolf von Köln mit den Engländern verbündet und plädierte für einen nichtstaufischen König, doch vor allem die an einem Erhalt der Stauferdynastie interessierten süddeutschen und sächsischen Fürsten wählten 1198 in Mühlhausen Philipp, der, allerdings formwidrig, in Mainz gekrönt wurde. Die Minderheit unter Erzbischof Adolf hatte schon vorher in Aachen den Welfen Otto IV. gekrönt und bestritt nun die Rechtmäßigkeit der Wahl Philipps. Wie nicht anders zu erwarten, kam es zu kriegerischen Auseinandersetzungen, die international Kreise zogen, nachdem Philipp sich mit den französischen Kapetingern verbündet hatte, die sich wiederum mit England im Kriegszustand befanden.

PHILIPP VON SCHWABEN

Papst Innozenz III. nutzte den Niedergang der staufischen Macht in Italien, entschied sich für Otto und bannte alle Anhänger der Staufer, unter denen sich auch viele Bischöfe befanden. Als sich ein Sieg Frankreichs über England abzeichnete, bröckelte jedoch die Welfenpartei. 1205 wurde Philipp nochmals, diesmal formgerecht, in Aachen gekrönt. Im folgenden Jahr besiegte er die Welfen, die Lage schien sich zu stabilisieren, 1207 schlossen die beiden Könige einen Waffenstillstand. Durch Vermittlung des Passauer Bischofs Wolfger, nun Patriarch von Aquileia, wurde Philipp vom Bann befreit. Die Verlobung seiner Tochter Beatrix mit Otto sollte jetzt die Familien versöhnen. Sie war allerdings bereits mit dem Pfalzgrafen Otto von Wittelsbach verlobt. Als in Bamberg in Anwesenheit Philipps eine andere Hochzeit gefeiert wurde, nämlich die von Beatrix aus Burgund mit Otto von Andechs-Meranien, erschlug der gekränkte einstige Bräutigam den König mit seinem Schwert.

Oben: Philipp von Schwaben, Kalksteinfigur.

Unten: Die Ermordung Philipps von Schwaben.

Otto IV.

* um 1177 Normandie   👑 1198   👑 1209
† 19.5.1218 Harzburg

Eltern: Heinrich der Löwe & Mathilde von England

Otto, am Hof seines Onkels Richard Löwenherz aufgewachsen, wurde 1190 Graf von York und 1196 Herzog von Aquitanien. Nach dem Tod Heinrichs VI. kandidierte er 1198 als König, unterstützt vom Kölner Erzbischof Adolf und dem niederrheinischen und westfälischen Adel. Die Wahl war eine Minderheitsentscheidung, aber Otto wurde im Gegensatz zu Philipp in Aachen, am richtigen Ort, gekrönt, wenn auch ohne die Reichsinsignien.

Um sich gegen Philipp durchzusetzen, war Otto auf die Hilfe der römischen Kirche angewiesen. Im Neusser Eid schwor er, auf eine selbstständige Italienpolitik zu verzichten, den Papst zu schützen und Sizilien zu verteidigen, worauf Innozenz III. ihn anerkannte und die Staufer bannte. Die Niederlage der Engländer in Frankreich und Philipps Siege in Deutschland schwächten Ottos Position, so dass er schon seinen Rücktritt erwog. Die Hochzeit Ottos mit Philipps Tochter Beatrix sollte die Parteien nun versöhnen, doch wurde Philipp überraschend ermordet.

1208 stellte Otto sich in Frankfurt erneut zur Wahl und wurde nun einstimmig zum König gewählt. Die Verlobung mit der Königstochter legitimierte ihn zusätzlich, wenn auch Beatrix wenige Tage nach der Hochzeit 1212, gerade 14 Jahre alt, starb.

1209 in Italien, verweigerte Otto die Wiederholung seiner Zusagen an den Papst, wurde aber trotzdem in Rom zum Kaiser gekrönt. Da es wieder zu Auseinandersetzungen zwischen Römern und Deutschen kam, musste Otto

OTTO IV.

die Stadt fluchtartig verlassen. Unter Bruch seines Eides griff er 1211 Sizilien an und drang bis Kalabrien vor. Der sizilianische König Friedrich wollte schon über das Meer nach Afrika fliehen. »Es reut mich, den Menschen geschaffen zu haben«, schrieb Innozenz III. erbittert an die deutschen Bischöfe und bannte Otto. Angesichts der prekären politischen Lage ließ der Papst, im Bündnis mit König Philipp II. August von Frankreich, nun den Staufer Friedrich II. in Nürnberg zum Kaiser wählen, der bald nach Deutschland reiste.

Otto kämpfte in Deutschland mit wenig Erfolg an verschiedenen Fronten und fiel auch in Frankreich ein. Im Bündnis mit seinem Onkel Johann Ohneland von England unterlag er jedoch 1214 in der Schicksalsschlacht von Bouvines, in der die Grenzen in Europa für die nächsten Jahrhunderte bestimmt wurden.

Konrad, Bischof von Speyer und Metz, kräftig in die Intrigen um die Thronfolge verwickelt, war Kanzler geworden, wurde aber abtrünnig, indem er enthüllte, dass Otto eine Kopfsteuer plane und das Kirchengut einziehen wolle, was zu einem Riesenskandal führte und Ottos Stellung nachhaltig

Linke Seite:
Otto IV. in der Kölner Königschronik.

Papst Innozenz III. verhängte den Bann über Otto IV., den er anfangs nach Kräften unterstützt hatte.

OTTO IV.

schwächte. 1214 hatte Otto in Maastricht Maria von Brabant geheiratet. In Konstanz hätte er beinahe seinen Konkurrenten Friedrich getroffen, doch der Bischof verschloss die Stadttore vor dem Gebannten. Abgesehen von gelegentlichen Scharmützeln, von denen er wohl nicht lassen kannte, hatte Otto sich weitgehend in seine Stadt Braunschweig zurückgezogen, die er kaiserlich ausbaute. Seine Hofkanzlei wurde um eine Ritter- oder Artusgesellschaft erweitert, die den Minnesang förderte, Feste und Turniere veranstaltete und Friedrich II. als Pfaffenkönig beschimpfte. Auch plante er einen neuen Kreuzzug, 1212 machte sich jedoch nur der bis heute rätselhafte Kinderkreuzzug auf den Weg. Das Laterankonzil von 1215 erklärte den Kaiser für abgesetzt – für kurze Zeit befand sich die Kirche auf dem Gipfel ihrer Macht im immerwährenden Streit mit dem Kaisertum.

Otto blieb kinderlos. Kurz vor seinem Tod wurde er vom Bann losgesprochen. Es war ihm nicht gelungen, die Welfen als neue Herrscherdynastie zu etablieren.

Friedrich II.

* 26.12.1194 Jesi  1196/1212 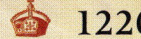 1220
† 13.12.1250 Fiorentino bei Lucera

Eltern: Heinrich VI. & Konstanze von Sizilien

Der Vater war in den Krieg gezogen, um Sizilien, das Erbe seiner Frau, zurückzuerobern, als die vierzigjährige Konstanze mitten im Winter in einem Zelt auf dem Marktplatz von Jesi einen Sohn zur Welt brachte. Konstantin sollte er heißen, wurde dann aber auf die Namen Friedrich Roger getauft – nach seinen Großvätern und als Programm für die Zukunft. Heinrich VI. sicherte vor seinem frühen Tod noch die deutsche Krone für den Zweijährigen, doch Friedrich konnte wegen der Aufstände in Italien nicht nach Deutschland gebracht werden. Er kam nach Palermo und wurde 1198, nachdem seine Mutter für ihn auf die deutsche Krone verzichtet hatte, zum König von Sizilien gekrönt.

Als Konstanze wenig später starb, wurde Papst Innozenz III. Friedrichs Vormund. Der Junge wuchs etwas verwahrlost am Hof von Palermo auf, wo es ständig wechselnde Parteiungen und viele Intrigen gab, aber auch vielfältige Anregungen aus der arabischen, jüdischen, byzantinischen und normannischen Kultur. Friedrich wurde zu einem der gebildetsten Fürsten seiner Zeit. Er hatte einen großen Traum von der Vereinigung von Morgen- und Abendland, interessierte sich für Wissenschaft und Literatur, seine Kanzlei wurde mit ihrem gestochenen Latein zum Vorbild in ganz Europa und seine Gesetzgebung war der Zeit weit voraus.

FRIEDRICH II.

Der Papst wollte eine deutsche Heirat seines Mündels verhindern und bestimmte als Frau Konstanze von Aragon, Witwe des Königs von Ungarn. Da die wesentliche ältere Braut 500 Ritter nach Sizilien mitbrachte, war der eher mittellose Friedrich, 1208 für mündig erklärt, mit der päpstlichen Entscheidung zufrieden.

Durch die konkurrierenden Könige Philipp und Otto war in Deutschland der Konflikt zwischen Staufern und Welfen wieder aufgeflammt. Nachdem Otto IV. widerrechtlich bis Süditalien vorgedrungen war, schlug sich der Papst auf die Seite der Staufer: Friedrich wurde 1211 in Nürnberg zum König gewählt. Nachdem der einjährige Sohn Heinrich zum König von Sizilien gekrönt und Konstanze zur Regentin bestellt worden war, machte er sich auf den Weg nach Deutschland. In Rom ehrenvoll empfangen und von Papst Innozenz III. mit Geld versorgt, drang Friedrich mit Glück und Zugeständ-

Am Hof Kaiser Friedrichs II. in Palermo.

nissen schnell in Deutschland vor. In Frankfurt wurde er 1212 nochmals gewählt und gleich in Mainz zum König gekrönt. 1215 bestieg Friedrich in Aachen den Thron Karls des Großen und gelobte zur Überraschung aller einen neuen Kreuzzug.

Der neue König hatte dem Papst versprochen, auf Sizilien zu verzichten. 1220 wurde sein Sohn Heinrich zum deutschen König gewählt, Friedrich selbst von Honorius III. 1220 in Rom zum Kaiser gekrönt – die strittige Sizilienfrage dabei stillschweigend übergangen. Fortan widmete sich Friedrich mit Energie und Phantasie der Neuorganisation der südlichen Teile seines Reiches. Die Vereinbarungen von Capua legten eine neue Ordnung der Justiz fest und entmachteten die alten Feudalherren, mit den Statuten von Melfi (1231) konzipierte Friedrich später einen fast schon modernen Beamtenstaat. Zur Sicherung des Landes wurde eine ausgedehnte Kette von Burgen errichtet. Die sizilianischen Sarazenen, die das Land als Raubritter unsicher gemacht hatten, siedelte er nach Apulien um, sicherte ihnen aber Religionsfreiheit zu, was sie von diesem Zeitpunkt an zu loyalen Untertanen machte. Den Seestädten wurden die Privilegien entzogen, die Zolleinnahmen flossen nun in die Staatskasse und unterstützten den Aufbau einer Flotte, die wiederum Geld einbrachte, denn Sizilien war einer der wichtigsten Umschlagplätze für den Mittelmeerhandel. 1224 wurde die Universität Neapel gegründet.

Konstanze war 1222 gestorben. Hermann von Salza, der Hochmeister des Deutschen Ordens, präsentierte als Ehestifter 1225 Isabella von Brienne, Tochter des Königs von Jerusalem. Isabella starb schon 1228 nach der Geburt des Sohnes Konrad. 1235 heiratete Friedrich Isabella von England, die Tochter König Johanns ohne Land.

In Deutschland hatte Friedrich den Landesfürsten wichtige Hoheitsrechte überlassen, in Oberitalien konnte er sich nicht gegen den mächtigen Städtebund unter Mailand durchsetzen. Beim Reichstag von Cremona 1226 mussten die deutschen Fürsten fehlen, weil die Städte die Grenze bei Verona gesperrt hatten. Als Friedrich 1227 den versprochenen Kreuzzug antreten wollte, verhinderte eine Seuche im Hafen von Brindisi die Abfahrt. Der Papst bannte den erkrankten Kaiser, weil der sein Versprechen nicht gehalten hatte, und sprach 1228 erneut den Bann aus, weil Friedrich nun ohne päpstliches Einverständnis ins Heilige Land segelte. Hermann von Salza war einer der wenigen, die den Kaiser nach der Landung in Akkon unterstützten. In

> **KAISERLICHE NULL UND DOPPELTE BUCHFÜHRUNG**
> Kaiser Friedrich II. war sehr an den Wissenschaften interessiert. 1226 traf er sich in Pisa mit dem Mathematiker Leonardo Fibonacci, der in Nordafrika aufgewachsen war und mit seinem Buch »Liber abaci« das Rechnen mit arabischen Zahlen und der aus Indien übernommenen Null bekannt machte. Friedrich unterstützte seine Forschungen, die bald zur Vereinfachung des Rechnungswesens in Europa übernommen wurden. Im 13. Jahrhundert findet man auch die ersten Banken im Mittelmeerraum. Noch mehr wurde das Wirtschaftsleben aber durch den Franziskanermönch Luca Pacioli revolutioniert. 1494 präsentierte er in seiner »Summa di arithmetica ...« die perfekte doppelte Buchführung. Die italienischen Banken übernahmen das neue System schnell, ebenso Augsburg. Viel Zeit ließen sich allerdings manche Unternehmen im Norden, darunter auch die Hansestädte.

Augustalis Friedrichs II.

FRIEDRICH II.

Friedrich krönt sich selbst zum König von Jerusalem.

Verhandlungen mit Sultan Al-Kâmil von Ägypten gelang es Friedrich jedoch, sich Jerusalem und die heiligen Stätten überschreiben zu lassen – ganz ohne Blutvergießen.

Viele Araber standen dem Kaiser wohlwollend gegenüber, da er sich nicht als religiöser Eiferer, sondern als Realpolitiker mit Verständnis für ihre Kultur zeigte. Nüchtern beschrieb ihn ein arabischer Chronist als »kahlköpfig und kurzsichtig … wäre er ein Sklave, würde er keine 20 Dirham einbringen«. In Jerusalem, dem Erbe seiner Frau Isabella, krönte sich Friedrich 1229 selbst zum König, verließ dann aber gleich die Stadt – es gab schlechte Nachrichten: Papst Gregor IX., nun im Bündnis mit den lombardischen Städten, verbreitete die Nachricht vom Tod des Kaisers und versuchte, noch ohne Erfolg, in Deutschland einen Gegenkönig einzusetzen. In Italien kam es wieder zum Krieg, doch nach zähen Verhandlungen wurde wenigstens der päpstliche Bann gelöst.

Auch Sohn Heinrich hatte sich mit Friedrichs Gegnern verbündet. 1235 wurde er abgesetzt und verhaftet, 1237 dessen Bruder Konrad in Wien zum König gewählt. Endlich gelangte Friedrich zu einem Ausgleich mit den Welfen und konnte 1235 in Mainz den Landfrieden verkünden, ein wichtiges Gesetzeswerk – und das erste, das in deutscher Sprache veröffentlicht wurde.

Nachdem die deutschen Angelegenheiten geregelt waren, gelang Friedrich 1237 in Cortenova ein taktischer Überraschungssieg gegen die lombardischen Städte. Es war aber sicher ein Fehler, dass der Kaiser das Verhandlungsangebot Mailands ausschlug. Tat er dies im Zorn oder träumte er von einem neuen Imperium? Auf dem Höhepunkt der Macht kam es nun zur Krise.

1227 war ein neuer Papst gewählt worden. Sein Name war Programm – Gregor IX. Wie sein Namensvetter gegen Heinrich IV. kämpfte Gregor IX. nun fanatisch für die Vorrangstellung der Kirche und gegen den Kaiser, den er erneut bannte. Dass 1241 die Mongolen unter Batu Khan, dem Enkel

Dschingis Khans, bis Krakau vorgedrungen waren, schien ihm eher recht, um Friedrich in einen Zweifrontenkrieg zu verwickeln. Bei Liegnitz hatten sie Europa vernichtend geschlagen, doch zogen sie nach dem Tod des Großkhans überraschend ab – das Reich war noch einmal gerettet. Als der Papst ein neues Konzil gegen Friedrich einberief, kaperte der die Schiffe, mit denen die Geistlichen anreisten. Die Prälaten kamen in Haft und das Konzil fand nicht statt. Auch der nächste Papst, Innozenz IV., bekämpfte Friedrich mit allen Mitteln. Eine regelrechte Hetzkampagne wurde veranstaltet, in der Kaiser und Papst sich gegenseitig als Antichrist beschimpften. Friedrich verzeichnete zwar Kriegserfolge in Italien, konnte aber Rom erst 1244 einehmen. Nachdem man ohne Ergebnis verhandelt hatte, entzog sich der Papst nach Lyon, von wo aus er den Kaiser 1245 absetzte. Mit den Gegenkönigen ließ sich allerdings in Deutschland kein Staat machen. Friedrichs Kampfeswille schien ungebrochen, er kämpfte in Italien weiter, doch vor Parma wurde sein Heer überrumpelt – im Triumph wurden auch des Kaisers Harem und sein Siegel erbeutet.

1249 wurde für Friedrich zu einem Jahr des Schreckens. Hatte es vorher schon einen Mordversuch gegeben, so erschütterte ihn jetzt ein Giftanschlag seines Leibarztes; der Großhofrichter Petrus de Vinea wurde der Korruption angeklagt, und Sohn Enzio geriet in Gefangenschaft. Zwar lag dem Papst jetzt an einer Aussöhnung, da der Kreuzzug König Ludwigs IX. von Frankreich ein Misserfolg gewesen war, doch Friedrich erkrankte plötzlich schwer. In seinem Testament bestimmte er König Konrad für das Reich und Manfred zum Fürsten von Tarent und Statthalter von Sizilien. Friedrichs Tod erschütterte Europa, während die Kirche jubelte.

Das Konzil von Lyon, auf dem der Papst die Absetzung Kaiser Friedrichs II. verfügte.

Mit Fürsorge und Streben nach Vollkommenheit hat Friedrich den guten Falkner charakterisiert. War es sein Ideal des Kaisertums? Sein Falkenbuch *Über die Kunst, mit Vögeln zu jagen* ist, wie auch das apulische Jagdschloss Castel del Monte, eine der vielen erstaunlichen Hinterlassenschaften einer heute noch so faszinierenden wie unergründlichen Herrschergestalt.

Heinrich (VII.)

* 1211 Sizilien 👑 1220, abgesetzt 1235
† 1242 Martirano/Süditalien

Eltern: Friedrich II. & Konstanze von Aragon

Einjährig zum König von Sizilien gekrönt, 1216 mit Schwaben und dem Rektorat Burgund belehnt, 1220 in Frankfurt nach Abtretung des sizilianischen Titels zum deutschen König gewählt und 1222 in Aachen gekrönt – das Leben unter dem mächtigen Vater Kaiser Friedrich II. schien in geraden Bahnen zu verlaufen. Sein Vormund wurde Herzog Ludwig I. von Bayern, doch musste Heinrich, mündig geworden, feststellen, dass Ludwig sich mit dem Papst gegen den Vater verbündet hatte. 1228 unterwarf er Ludwig. Dass er nun die Städte förderte, erregte den Unmut des Adels. Zwischen Vater und Sohn gab es schon länger Spannungen, ihre Persönlichkeiten wie ihre politischen Interessen waren wohl zu verschieden. Auf dem Hoftag in Aquileia 1232 musste Heinrich in einer demütigenden Zeremonie Gehorsam versprechen, ging aber, kaum zurück in Deutsachland, wieder eigene Wege.

Deutsches Königssiegel Heinrichs (VII.).

Die damalige Zeit war, unter dem Einfluss des heiligen Franz von Assisi und der heiligen Elisabeth, von neuen Formen der Frömmigkeit geprägt, aber auch ketzerische Fanatiker erhielten großen Zulauf. Als Heinrich 1234 gegen die grausamen und ungerechten Ketzerverfolgungen einschritt, waren sein Vater und der Papst, die sich gerade wieder einander annäherten, gleichermaßen verärgert. Auf Ersuchen Friedrichs wurde er vom Papst gebannt. Der Kaiser machte sich auf den Weg nach Deutschland. Heinrich, der ihn aufhalten wollte, verbündete sich mit den italienischen Städten. Das war Hochverrat. 1235 wurde Heinrich in Wimpfen gefangen genommen und abgesetzt. Er kam erst in Deutschland, dann in Apulien in Haft, wo er wohl an den Folgen eines Selbstmordversuches starb.

Seine Söhne Heinrich und Friedrich aus der 1225 mit Margarethe von Österreich geschlossenen Ehe wurden beide keine 20 Jahre alt. Das Bild Heinrichs in der Geschichte ist widersprüchlich, die einen schildern ihn als dekadent, andere als lebensfroh und als Kunstmäzen, der viele Minnesänger an seinen Hof zog.

Goldbulle Heinrichs VII.

KONRAD IV.

* 25.4.1228 Andia/Apulien 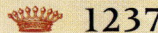 1237
† 1254 Lavello/Apulien
Eltern: Friedrich II. & Isabella von Brienne

Nach der Gefangennahme und Absetzung seines Halbbruders König Heinrich (VII.) übernahm Konrad 1235 das Herzogtum Schwaben.

1237 kam Kaiser Friedrich II. nach Wien, das zur freien Reichsstadt erklärt wurde, nachdem der Babenberger Herzog Friedrich der Streitbare, geächtet und seiner Länder für verlustig erklärt, aus seiner Residenz vertrieben worden war. Friedrich nutzte die Gelegenheit, um seinen Sohn Konrad zum König wählen zu lassen. Konrad hatte seinen Vater nur selten gesehen, und es ist nicht überliefert, welche Meinung er zu dem Bann und den Hetzkampagnen hatte.

Nachdem die Gefahr eines mongolischen Angriffs gebannt war, flammten die alten Fehden in Deutschland wieder auf. Konrad stützte sich vor allem auf die Städte sowie auf die Burgen im rheinischen Gebiet. Eine Niederlage gegen den Gegenkönig Heinrich Raspe 1246 konnte seine Stellung nicht erschüttern. Im gleichen Jahr hatte er Elisabeth von Bayern geheiratet, und mit Unterstützung seines Schwiegervaters Otto II. von Wittelsbach gelang es, den Gegenkönig zu vertreiben und auch den nächsten Gegenkönig, Wilhelm von Holland, 1250 bei Oppenheim zu schlagen. Im selben Jahr entging Konrad nur knapp einem Mordanschlag, zu dem wohl der Regensburger Bischof angestiftet hatte.

Nach dem Tod seines Vaters nahm Konrad 1251 den Kampf um sein sizilianisches Erbe auf. Er musste dafür seinen schwäbischen Besitz verpfänden. Obwohl ihm sein Halbbruder Manfred, Statthalter in Sizilien, 1252 die Re-

KONRAD IV.

gierung übergab, verweigerte Papst Innozenz IV. die Anerkennung. Konrad setzte sich gegen die päpstlichen Verbündeten in Süditalien durch, eroberte Neapel und bestätigte die Gesetze seines Vaters. Der Krieg war noch nicht zu Ende, als Konrad, der sich bisher als kompetenter Politiker gezeigt hatte, plötzlich an Malaria starb.

Für den kurz nach seiner Abreise 1252 geborenen Sohn Konradin, den letzten legitimen männlichen Staufererben, übernahmen Ludwig II. von Bayern und Manfred die Vormundschaft. Papst Alexander VII. forderte alle schwäbischen Edelleute auf, sich von Konradin loszusagen und verbot 1256, ihn zum König zu wählen. Inzwischen hatte der Gegenkönig Wilhelm von Holland an Einfluss gewonnen, starb aber bereits 1256 überraschend im Krieg gegen die Westfriesen. Im Abstand von nur drei Monaten wurden 1257 zwei neue Gegenkönige gewählt, Richard von Cornwall und Alfons X. »der Weise« von Kastilien.

Aber auch in Italien war die Lage unübersichtlich. Manfred, der Sohn Friedrichs II. aus der morganatischen (nicht standesgemäßen) Ehe mit der Gräfin Bianca Lancia ließ sich 1258 zum König von Sizilien krönen und versuchte dann, ohne Rücksicht auf sein Mündel Konradin, Italien zu erobern. Rom wollte jedoch die Insel und belehnte erst einen Sohn Heinrichs III. von England, dann Karl von Anjou, den Bruder Ludwigs IX. von Frankreich, mit Sizilien. Karl erschien mit einem Riesenheer, um die Staufer endgültig zu vernichten, wurde vom Papst zum König von Sizilien gekrönt und gewann 1266 die Schlacht von Benevent, in der Manfred den Tod fand. Nur Konrads Sohn Konradin, der »der letzte Staufer«, war noch am Leben. Sein jugendlicher Charme als Falkner ist in der Manessischen Handschrift zu bewundern. 1267 riefen ihn die Ghibellinen als Thronerben nach Italien, im Triumph reiste er durch Pavia, Pisa und Siena, wurde jedoch 1268 in der

Aufbruch zum Kreuzzug unter der Führung des Gegenkönigs Richard von Cornwall.

KONRAD IV.

KINDERSEGEN

Bei seiner vierten Ehe mit Isabella von England befragte Kaiser Friedrich II. seinen Hofastrologen nach dem günstigsten Zeugungsdatum für einen kaiserlichen Sohn. Die Sterne prognostizierten einen Sohn, falls es am Tag nach der Hochzeit geschehe. Friedrich wartete also – seine Frau kam allerdings nicht neun, sondern 12 Monate später mit einer Tochter nieder. Kinder waren eine Garantie für den Erhalt der Dynastie. Söhne waren willkommener, weil sie den Thron sicherten, aber auch Töchter konnten politisch passend verheiratet werden, oder, vor allem im Mittelalter, als Äbtissinnen großer Klöster den Familienbesitz sichern. Kinder zu kriegen war daher die wichtigste Aufgabe der kaiserlichen Ehefrauen. Die Frau Barbarossas hatte zwölf Kinder, die Habsburger brachen dann allerdings alle Rekorde: Ferdinand I. hatte mit Anna von Böhmen und Ungarn 15, Leopold II. mit der Infantin Maria Ludovica 16 Kinder.

Das »Falkenmotiv« in zweiter Generation: Darstellung Konrads IV. im »Manfred-Kodex«.

Schlacht von Tagliacozzo von Karl von Anjou geschlagen und in Neapel enthauptet. Enzio, der illegitime Lieblingssohn Friedrichs II., zeitweilig König von Sizilien, starb 1272 in der Gefangenschaft in Bologna.

Friedrich II. hatte ausreichend für legitime und illegitime Nachkommenschaft gesorgt, doch verfolgt vom unerbittlichen Hass des Papsttums war die Dynastie der Staufer nun ausgelöscht. Der römische Universalismus hatte vorläufig gesiegt, doch ein Jahrhunderte altes System war zusammengebrochen – in Deutschland festigte sich das System des Partikularismus. Es begann die Zeit des Interregnums.

> **INTERREGNUM**
> Interregnum heißt Zwischenherrschaft und meint die Zeit zwischen dem Tod oder der Abdankung eines Herrschers und der Inthronisierung eines neuen. Der Kaiserthron war von 1245, der Absetzung Kaiser Friedrichs II., endgültig mit seinem Tod 1250, bis 1273, als Rudolf von Habsburg gekrönt wurde, nicht besetzt. Könige gab es allerdings manchmal sogar doppelt. Schon 1246 wurde Heinrich Raspe, Landgraf von Thüringen und Schwager der heiligen Elisabeth, gegen den abgesetzten Friedrich II. zum König gewählt. Nach seinem Tod 1247 wählte man Wilhelm von Holland. Konrad IV., der Sohn Friedrichs, war schon 1237 zum König gewählt worden. Nach seinem Tod 1254 und dem des Gegenkönigs Wilhelm von Holland 1256 wurden 1257 Richard von Cornwall und Alfons von Kastilien zu deutschen Königen. Richard war nur selten, Alfons nie in Deutschland. Den Fürsten war es recht, denn sie konnten schalten und walten, wie sie wollten, und auch die Städte profitierten von der Situation. Erst die Goldene Bulle von 1356 ernannte für Zeiten der Thronvakanz die Pfalzgrafen bei Rhein und die Herzöge von Sachsen-Wittenberg als Reichsverweser, eine Regelung, die bis zum Ende des deutschen Reiches 1806 galt.

Links: Königssiegel Konrads IV.

RUDOLF I. VON HABSBURG

* 1.5.1218 Limburg/Breisgau ♛ 1273 † 15.7.1291 Speyer
Eltern: Graf Albrecht IV. von Habsburg & Heilwig von Kyburg

Nach dem Aussterben der Staufer schien das Reich zu zerfallen, zunehmend breitete sich Anarchie aus. Auch die Kirche spürte nun, dass sie wieder einen Schutzherrn brauchte, und so forderte Papst Gregor X. die Kurfürsten strengstens auf, endlich einen neuen König zu wählen – sonst würde er einen Kaiser ernennen. Ausgehend von der Habichtsburg (»Habsburg«) im Aargau hatten die Habsburger, seit 1109 Grafen, ihren Besitz in der Schweiz wie im Schwarzwald, am Bodensee und am Rhein erweitert. Kaiser Friedrich II. war Taufpate von Rudolf, der dann die Staufer unterstützte, anfangs auch noch Konradin. 1239 hatte er die Habsburg in der Schweiz geerbt, 1253 konnte er durch die Heirat mit der Gräfin Gertrud von Hohenberg, die sich nach der Krönung Anna nannte, seinen Besitz erheblich vermehren. Als es schließlich zur Königswahl kam, unterstützten ihn die Zollern und der Mainzer Erzbischof, einmütig entschied sich dann das Kurkollegium in Frankfurt für den Habsburger. Als der Königsbote mit der Nachricht kam, soll Rudolf das zunächst für einen Scherz gehalten haben. Er war gerade mit seiner Dauerfehde gegen den Bischof von Basel beschäftigt, derentwegen er vom Papst schon zweimal gebannt worden war. Nun reiste er sofort ab und wurde noch 1273 in Aachen gekrönt. Das Interregnum war beendet.

Die Beziehung zu Rom war zunächst zurückhaltend. 1275 traf Rudolf in Lausanne Papst Gregor X. Es fiel ihm nicht schwer, auf Sizilien zu verzichten, seine Devise war ohnehin »besser das Reich gut zu regieren als das Reich zu erweitern«. Nachdem er auch einen neuen Kreuzzug gelobt hatte, wurde ein

Termin für die Kaiserkrönung festgesetzt und Rudolf ließ sich vom Papst einen Reisekostenzuschuss aushändigen. Gregor X. starb im nächsten Jahr; während der Regierungszeit des ersten Habsburgers wechselte achtmal der Papst. Rudolf kam nie nach Rom, seinen Anspruch auf die Kaiserkrone gab er jedoch ebenso wenig auf.

Gegner von Rudolfs Wahl war Ottokar II. von Böhmen gewesen. Er hatte sich während des Interregnums ein großes Reich geschaffen und mit der Schwester des letzten Babenbergers auch noch Österreich erheiratet. Nun musste Rudolf gegen ihn ins Feld ziehen. Ottokar, der seine Macht wohl überschätzt hatte, unterlag 1276 in der Schlacht auf dem Marchfeld bei Dürnkrut. Im Frieden von Wien musste er große Gebiete abtreten, wurde aber mit seinen Stammländern Böhmen und Mähren neu belehnt. Rudolf blieb bis 1281 in Wien, übernahm Ottokars Länder und schuf damit die territoriale Basis für die Macht der Habsburger. Mit Österreich erhielt das Reich ein neues Zentrum. Die Weichen für die Zukunft waren gestellt, zumal Rudolf seine Kinder alle mit strategisch wichtigen Partnern verheiratete. »Andere mögen Kriege führen, Du glückliches Österreich heirate« hieß es bald sprichwörtlich für die Habsburger Familienpolitik.

1282 stimmten die Kurfürsten der Belehnung von Rudolfs Söhnen Albrecht und Rudolf mit Österreich, der Steiermark und Kärnten zu. 1283 wurde Albrecht alleiniger Regent. Spät heiratete Rudolf in zweiter Ehe die vierzehnjährige Agnes von Burgund, gewann das Land aber erst mit der Schlacht von Besançon 1289 von Frankreich zurück. Den Norden Deutschlands hat Rudolf nie kennengelernt.

In den Städten kam es wegen Rudolfs harter Steuerpolitik zu Widerstand. Ein besonderer Unruheherd war Thüringen. Durch das Land zogen Raub-

Die Krönung Rudolfs I.

Rechts: Rudolfs Einzug in Basel.

Unten: Grabplatte Rudolfs von Habsburg im Dom zu Speyer.

ritter, die den alten Kaiser Friedrich II. verklärten – so entstand die Sage vom Kyffhäuser, die später auf Friedrich I. Barbarossa übertragen wurde.

Mehrere falsche Friedriche traten auf, darunter Dietrich Holzschuh, der sich Tile Kolup nannte und regelrecht Hof hielt. 1285 wurde er jedoch gefangen genommen und als Ketzer verbrannt.

Rudolfs Politik war handgreiflich und nüchtern, und er bemühte sich nicht nur um seine Hausmacht, sondern auch um den Frieden. Man hat den »Schweizer Ritter« als so grau wie seine Kleidung charakterisiert – die er aus Geiz selbst geflickt haben soll. Eine glanzvolle Hofhaltung gab es bei ihm nicht, er machte sich jedoch beliebt, wenn er mit seinen Soldaten Rüben aß oder Witze über seine lange Hakennase riss.

ADOLF VON NASSAU

* um 1250   👑 1292, abgedankt 1297
† 2.7.1298 bei Göllheim
Eltern: Graf Waltram von Nassau & Adelheid von Katzenelnbogen

Nach dem Tod Rudolfs I. blieb der Thron fast ein Jahr lang unbesetzt. Da die Kurfürsten die zu große Macht einer neuen Habsburger Erbmonarchie befürchteten, wählten sie nicht Rudolfs Sohn Albrecht, sondern den eher machtlosen Nassauer Grafen, verheiratet mit Imagina von Isenburg-Limburg. Adolf war liebenswürdig und gebildet, auch ein guter Soldat, der sein schmales Einkommen gelegentlich aufbesserte, indem er seine Truppen in den Dienst anderer Fürsten stellte, was ihn nach der Schlacht von Worringen für kurze Zeit in Brabanter Gefangenschaft gebracht hatte.

1292 fand Adolfs Krönung in Aachen statt. Er hatte den Kurfürsten teure Zugeständnisse machen müssen. Albrecht von Österreich, bedrängt durch eine Rebellion in der Schweiz, musste den neuen König zunächst anerkennen. Adolf bemühte sich, seine Territorialmacht auszubauen, konnte sich für diesen Zweck auch Geld leihen, musste aber dafür Reichseinkünfte verpfänden. Er gewann Meißen als Lehen und kaufte 1294 dem verschuldeten Landgrafen Albrecht das Erbrecht auf Thüringen ab. Dieses musste er sich dann aber gegen dessen Söhne erkämpfen, was zum Konflikt mit den Wettinern und dem Mainzer Bistum führte. Unter den kleineren Fürsten konnte Adolf jedoch einige Anhänger gewinnen, und seine Tochter Mechthild heiratete mit dem Pfalzgrafen Rudolf I. bei Rhein einen wichtigen Verbündeten.

Um ein Vordringen Frankreichs abzuwehren, schloss Adolf 1294 ein Bündnis mit Eduard VII. von England. Als der König jedoch in Flandern landete, blieb Adolfs Hilfe aus. Es wurde das Gerücht verbreitet, dass er vom französischen König Philipp dem Schönen bestochen worden wäre. Erzbischof

ADOLF VON NASSAU

Gerhard von Mainz rief 1298 den Notstand aus und lud Adolf als Angeklagten vor den Reichstag. Österreich und Böhmen hatten sich schon ein Jahr zuvor mit Mainz verbündet. Der König wurde in Mainz in Abwesenheit zur Abdankung gezwungen und Albrecht schon am nächsten Tag zum neuen König gewählt. Adolf war erst gar nicht nach Mainz gekommen und versammelte stattdessen seine Truppen. Die Entscheidung fiel vier Wochen später in der Schlacht von Göllheim bei Worms. Adolf starb im Kampf, vielleicht sogar durch die Hand Albrechts von Österreich.

Albrecht I.

* nach 1255 Rheinfelden 👑 1298
† 1.5.1308 Königsfelden bei Brugg/Aare
Eltern: Rudolf I. & Gertrud von Hohenburg

Bei Albrechts Geburt ahnte keiner in der Familie etwas von der ihm später zufallenden Königswürde. 1276 heiratete Albrecht Elisabeth von Kärnten, Görz und Tirol, die ihm 21 Kinder schenkte, von denen neun allerdings früh starben.

Es war König Rudolf I. nicht gelungen, seinem Sohn die Nachfolge zu sichern, aber er hatte ihn und seinen Bruder Rudolf 1282 mit Österreich belehnt. Dass nun der eher unbedeutende Adolf von Nassau und kein Habsburger zum neuen König gewählt wurde, erbitterte Albrecht. Da er jedoch in der heimatlichen Schweiz einen Aufstand niederschlagen musste, machte er gute Miene zum bösen Spiel und übergab die Reichsinsignien.

Bis 1297 musste sich Albrecht immer neuer Aufstände erwehren, zu Hause und dann auch in Österreich, wo König Adolf und König Wenzel II. von Böhmen die Unruhen gerne unterstützten. Doch die Politik Adolfs hatte diesem inzwischen mehr Feinde als Freunde verschafft, und einen Tag nach seiner Absetzung wurde Albrecht zum neuen König gewählt. Nachdem er Adolf in der Schlacht bei Göllheim geschlagen hatte, ließ er sich 1298 in Aachen krönen.

Sogleich söhnte sich Albrecht mit Böhmen aus, schloss ein Bündnis mit Frankreich und verheiratete 1300 seinen ältesten Sohn mit der französischen Königstochter Blanche. Dem Bündnis wollten die Kurfürsten allerdings nicht

ALBRECHT I.

> **IN SAMT UND SEIDE**
> Kleidung war immer schon ein Standesattribut. Zu allen Zeiten gab es Kleidervorschriften, die auch die Geistlichen einschlossen, denen das Tragen bunter Kleidung verboten war. Im 12. und 13. Jahrhundert entfaltete der Adel einen besonderen Luxus, wie man es heute noch auf vielen Miniaturen und Gemälden sehen kann. Kostbare Seiden und Brokate kamen aus dem Orient, Goldplättchen und Perlen wurden auf den Stoff genäht. Bei ihrer Hochzeit mit König Albrecht I. trug Elisabeth von Kärnten »die besten Kleider aus Goldstoff«. Für ein Kleid der Herzogin von Tirol wurden »6000 vergoldete Perlen, 6000 Korallen, drei Ketten aus andersfarbenen Perlen, fünf Unzen weißer Perlen und sechs Seidentücher« bestellt. Kleidergeschenke gehörten auch zum diplomatischen Geschäft. Damals wurde erstmals auf Taille gearbeitet. Lange Schleppen und Hängeärmel kamen in Mode, und die Herren waren nicht minder elegant. Sie trugen Schnabelschuhe und zeigten ihre schönen Beine in geschlitzten Hosen oder in einer Art Strumpfhosen, die bestickt oder mit Perlen verziert waren. Die höfischen Ritterromane schwelgen geradezu in Kleiderbeschreibungen: die Damen Kriemhilds am Nibelungenhof tragen Pfauenkleider, auf der Gralsburg zieht man Seide aus Ninive vor, Dido erscheint ganz in Gold und Purpur.

zustimmen, da sie um ihren linksrheinischen Besitz fürchteten. Sie ahnten auch nicht, dass Albrecht bereits heimlich auf Burgund verzichtet hatte. Da er ohnehin die zu große Macht der rheinischen Kurfürsten einschränken wollte, entzog Albrecht ihnen die Zolleinnahmen und übertrug sie den Städten. Es kam zu kriegerischen Auseinandersetzungen: Erst wurde der rheinische Pfalzgraf belagert, dann die Bischofsstadt Mainz, schließlich Köln, und oft wurde der König von unzufriedenen Bürgern unterstützt. Vier der verbitterten Kurfürsten planten schon Albrechts Absetzung, doch 1302 schloss man endlich Frieden.

Papst Bonifatius VIII., der Albrechts Wahl noch nicht anerkannt hatte, war wegen dieser Fehde mit den geistlichen Kurfürsten verärgert. Er erließ die Bulle *Unam sanctam,* in der er Albrecht den Bann androhte und energisch auf der Gewalt des Papstes über die Herrscher bestand. Der König, wegen Thronraub und Kirchenraub angeklagt, wehrte sich gegen die »teuflischen Gerüchte«. Da der Papst sich inzwischen auch mit dem französischen König Philipp dem Schönen überworfen hatte, musste er nun aber doch einlenken. Nachdem Albrecht den Treue- und Gehorsamseid geschworen und einen neuen Kreuzzug versprochen hatte, wurde die Kaiserkrönung in Aussicht gestellt. Dass er auch auf Tuszien verzichtete und den Vertrag mit Frankreich kündigte, wurde jedoch in Deutschland heftig kritisiert. Bald fiel Albrecht in Rom aber wieder in Ungnade, da er den Papst nicht vor den Angriffen Frankreichs schützen konnte.

In seinem Reich sorgte Albrecht für strenge Kontrolle über Adel und Kirche, er schaffte die Steuerfreiheit des Klerus ab und beschränkte die Befugnisse der geistlichen Gerichte.

Der ungarische König Andreas III., Albrechts Schwiegersohn, war 1301 ohne Erben gestorben. Der böhmische König Wenzel II. nutzte die Gelegenheit und setzte seinen Sohn Wenzel III. auf den Thron. Böhmen, Ungarn und Polen waren nun unter den Przemysliden vereint, eine gefährliche Situation für Habsburg. Doch König Wenzel II. starb 1304; angesichts der drohenden Truppen Albrechts verzichtete sein Sohn Wenzel III. auf Ungarn. Als Wenzel zwei Jahre später ermordet wurde, belehnte Albrecht sofort seinen ältesten Sohn Rudolf III. mit Böhmen. Rudolf verzichtete zugunsten seines Bruders Friedrich auf Österreich, und nachdem er Elisabeth von Polen, die Witwe

Wenzels, geheiratet hatte, wurde er 1306 in Prag zum böhmischen König gekrönt. Er starb jedoch im folgenden Jahr, und neue Machtkämpfe brachen aus, da die Böhmen statt eines Habsburgers Herzog Heinrich von Kärnten zum neuen König wählten. Nachdem Albrecht 1307 die Schlacht bei Lucka gegen die Wettiner verloren hatte, zog er sich aus Böhmen zurück.

Ein Teil der ehrgeizigen Pläne Albrechts war schon in Erfüllung gegangen, aber auf ihn wartete noch ein ungelöstes Familienproblem. Johann, der Sohn seines Bruders Rudolf II., hatte ein Anrecht auf Schwaben, das ihm Albrecht jedoch vorenthielt. 1308 hatte Johann sein Erbteil abermals gefordert und war nur gedemütigt worden. Unterstützt von unzufriedenen schwäbischen Adligen erstach Johann seinen Onkel und flüchtete in ein Kloster bei Pisa. Albrechts Witwe Elisabeth stiftete an der Stelle, an der der Mord stattgefunden hatte, das Kloster Königsfelden und wurde zu einer schrecklichen Rächerin an den Mördern ihres Mannes.

> **FÜRSTENSPIEGEL**
>
> Die jungen Fürsten mussten lernen, wie ein guter Herrscher lebt und regiert. Die Vermittlung dieser Kenntnisse war eine der Hauptaufgaben der Prinzenerzieher. Die Aufgaben und Pflichten, wie sie das christlich geprägte, aus der Antike stammende Herrschaftsideal – und später das Ideal des Ritters – bestimmte, fanden ihren Niederschlag in den Fürstenspiegeln. Sie enthielten eine Zusammenfassung der jeweils gültigen Staatsphilosophie; daher kann man an ihnen auch gut die Wandlungen des Herrscherbildes durch die Zeiten verfolgen. Seit dem 9. Jahrhundert gab es Fürstenspiegel zunächst für die Söhne der Karolinger, im 12. Jahrhundert erlebten sie dann einen wahren Boom. Sie hießen »Der Weg des Königs«, »Das Buch über die christlichen Herrscher« oder »Spiegel der sittlichen Kräfte«. In enger Verbindung zu König Albrecht I. entstand »Über die Regierung der Fürsten« von Abt Engelbert von Admont. Erasmus von Rotterdam schrieb 1516 die »Institutio principis christiani« für den weisen und gerechten Friedensfürsten. Macchiavelli dagegen rechtfertigte in seinem »Der Fürst« 1532 auch unmoralische Handlungen der Staatsraison.

Die Ermordung Albrechts I.

Heinrich VII. von Luxemburg

* 1274/75 Valenciennes   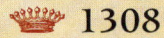 1308    1312
† 24.8.1313 Buonconvento bei Siena

Eltern: Graf Heinrich III. von Luxemburg & Beatrix, Tochter des Grafen von Beaumont

Heinrich wuchs am französischen Hof auf, huldigte dann aber, mündig geworden, auch Rudolf von Habsburg, dem er das Messeprivileg verdankte, das Luxemburg zu Wohlstand verhalf. Sein Vater und drei Onkel waren als Verbündete Kölns 1288 in der Schlacht von Worringen umgekommen, in der es zunächst um den Limburger Erbstreit ging, in der dann aber erstmals ein Heer von Bauern und Bürgern siegte, was Köln vorübergehend unabhängig vom Erzbischof machte.

1292 heiratete Heinrich Margarethe von Brabant, eine Kusine des französischen Königs Philipp IV. Auf dem Konzil von Lyon erlebte er die Krönung Clemens V. und den Beginn des Papstschismas. Papst Clemens weihte wenig später Heinrichs jüngsten Bruder Balduin zum Bischof von Trier.

Der plötzliche Tod Königs Albrechts I. stellte die Kurfürsten vor schwierige Entscheidungen – sie wollten keinesfalls einen Habsburger wählen. Als Kandidaten präsentierten sich der Graf von Anhalt, Rudolf von Wittelsbach und auch Karl von Valois, Bruder des Königs von Frankreich. Doch der Trierer Erzbischof Balduin setzte 1308 die Wahl seines Bruders Heinrichs durch. 1309 wurde dieser in Aachen gekrönt. Auf seinem Umritt fand Heinrich schnell Anerkennung; auf dem Hoftag von Speyer kam es zwar zu einer Auseinandersetzung mit Herzog Friedrich von Österreich über Böhmen, aber man kam schließlich zu einer Einigung. Heinrichs Sohn Johann wurde mit Böhmen belehnt und 1311 in Prag gekrönt. Er heiratete Elisabeth, die Tochter Wenzels II., und so knüpfte man gleichzeitig verwandtschaftliche Bande mit den Habsburgern. Auch mit den Wettinern wurde ein Kompromiss gefunden.

Heinrich hatte es eilig, denn er wollte bald nach Italien reisen und sich zum Kaiser krönen lassen. Schon 1309 hatte er eine Zusage aus Rom bekommen. 1310 zog er nach Italien, von Dante und den Ghibellinen enthusiastisch begrüßt; in Mailand empfing er die langobardische Krone. Jedoch wurde der Zug des Kaisers in der Toskana durch den Streit der Ghibellinen und Guelfen aufgehalten. Man überwinterte in Genua, wo Königin Margarethe starb. Auf dem Seeweg wurde im Mai 1312 endlich Rom erreicht, das allerdings von neapolitanischen Truppen besetzt war. Da er die Stadt nur teilweise erobern konnte, wurde er im Lateran zum Kaiser gekrönt – von drei Kardinälen, da sich der Papst im Exil in Avignon aufhielt. Die feindlichen Angriffe gingen selbst während der Krönung weiter, aber der Thron des Heiligen Römischen Reiches Deutscher Nation war nach 62 kaiserlosen Jahren nun wieder besetzt.

Heinrich wollte die kaiserliche Herrschaft in Italien erneuern, auch wenn der französische König Philipp IV. sich nicht nur gegen die Krönung, sondern gegen den kaiserlichen Machtanspruch überhaupt stellte. Heinrich verbündete sich mit Friedrich III. von Sizilien gegen Robert von Anjou, den Papst Clemens V. mit Neapel belehnt hatte. In einem Prozess wurde Robert 1313 als Rebell abgesetzt und zum Tode verurteilt. Die Belagerung von Florenz blieb vergeblich; noch bevor es zu einer Entscheidung kommen konnte, starb Heinrich an der Malaria.

Die Krone blieb zunächst nicht beim Haus Luxemburg, doch Heinrichs Sohn Johann war König von Böhmen und seine Töchter wurden Königinnen von Frankreich und Ungarn. Außerdem war Heinrich der Stammvater der Könige von Holland und der Großherzöge von Luxemburg.

Ludwig IV. der Bayer

✱ 1283 München 👑 1314 👑 1328
† 11.10.1347 bei Füstenfeldbruck
Eltern: Herzog Ludwig II. von Bayern & Mechthild von Habsburg

Der frühe Tod Heinrichs VII. hatte für eine neue Führungskrise gesorgt. Zwei Thronkandidaten, der Habsburger Herzog Friedrich der Schöne, zweiter Sohn König Albrechts I., und der Wittelsbacher Ludwig standen einander 1314 in Frankfurt, rechts und links des Mains, mit ihren Heeren gegenüber. Doch die Wahl der Kurfürsten bescherte Deutschland zwei Könige: am 19. Oktober den Habsburger, am nächsten Tag den Wittelsbacher.

Es kam zu einem jahrelang währenden Streit, der schließlich 1322 in Mühldorf am Inn auf militärischem Wege entschieden wurde. Mit Ludwig erkämpften König Johann von Böhmen und der Burggraf von Nürnberg den Sieg über Friedrich, der als Gefangener auf die Burg Trausnitz bei Landshut gebracht wurde.

Ludwig, seit 1294 Herzog von Bayern und Pfalzgraf bei Rhein, war 1313 durch die Schlacht von Gammelsdorf bei Landshut in ganz Deutschland berühmt geworden. Im Kampf zwischen den Habsburgern und den Oberbayern war es um die Vormundschaft über die Söhne Herzog Ottos III. von Niederbayern gegangen. Wegen seines glänzenden Siegs über die Habsburger hielten ihn sogar die Luxemburger für den besten Thronkandidaten.

Friedrichs Bruder Herzog Leopold zog nun im Bund mit Frankreich und dem Papst gegen Ludwig, der daraufhin Friedrich zum Mitregenten bestimmte. Sie einigten sich 1325, dass beide den Titel »Römischer König« und das kaiserliche Siegel führen dürften. Doch Friedrich, politisch wohl

Die Schlacht auf der Ampfinger Heide bei Mühldorf am Inn.

nicht sonderlich talentiert, zog sich nach seiner Freilassung sogleich nach Österreich zurück und starb 1330.

Ludwig war nicht nur ein begabter Feldherr; planvoll widmete er sich einer Friedenspolitik und der Sicherung der Hausmacht der Wittelsbacher. In erster Ehe mit Beatrix von Schlesien-Glogau verheiratet, gewann er 1345 durch seine zweite Frau Margarete große Gebiete in Holland und Friesland hinzu. Durch seine insgesamt 16 Kinder verband er sich mit allen Fürstenhäusern Europas.

Johannes XXII. in Avignon, der die päpstliche Entscheidung über die Königswahl beanspruchte, hatte 1324 den Bann über Ludwig verhängt. Doch die Krise der Kirche und Ludwigs wachsende Beliebtheit führten dazu, dass diese Kirchenstrafe nicht mehr streng befolgt wurde. Ludwig protestierte

LUDWIG IV. DER BAYER

mehrfach und erklärte, dass der gewählte König keinerlei Bestätigung durch den Papst bedürfe. In der Appelation von Sachsenhausen beschuldigte er dann den Papst der Ketzerei. Da das Papsttum durch das Schisma ohnehin nicht beschlussfähig war, ließ Ludwig sich 1328 in Rom in der Peterskirche die Kaiserkrone von dem Laien Sciarra Colonna, der das römische Volk repräsentierte, aufsetzen. Zuvor hatte er sich durch den Staatstheoretiker Marsilius von Padua beraten lassen. Marsilius war Sympathisant der Ghibellinen und wegen seiner antipäpstlichen Schriften mit der Lehre von der Souveränität des Volkes als Ketzer verurteilt worden. Er war nach München geflüchtet, wo Ludwig eine Hofakademie gegründet hatte.

Im sich hinziehenden Streit mit dem Papst wurde Ludwig 1338 von den Kurfürsten unterstützt, die im so genannten Rhemser Kurverein ein Bündnis zum Schutz der Rechte des Reiches beschlossen und die gemeinsame Auffassung festhielten, dass die Königswahl nicht der Zustimmung des Papstes bedürfe. Federführend war Erzbischof Balduin von Trier, der Bruder des früheren Königs Heinrich VII. Zur feierlichen Unterzeichnung der neuen Reichsgesetze war auch Ludwigs Schwager, König Eduard III. von England, gekommen.

Ludwig erweiterte den familiären Machtbereich, als er seinem ältesten Sohn Ludwig 1323 nach dem Aussterben der Askanier die Mark Brandenburg verlieh. Mit dem Hausvertrag von Pavia gelang es ihm 1329, den Familienstreit zu beenden: Das Haus Wittelsbach wurde für rund 400 Jahre in eine bayerische und eine pfälzische Hauptlinie geteilt.

1341 geriet das Bündnis mit England, das durch den Hundertjährigen Krieg mit Frankreich geschwächt war, ins Wanken. Ludwig wechselte die Fronten und schloss in Vilshofen ein Bündnis mit dem französischen König Philipp VI., der ein Onkel seiner Frau war.

1339 war Ludwig sich noch mit Balduin von Trier einig gewesen, als dessen Neffe Johann mit Böhmen belehnt wurde. Balduin schwenkte jedoch nach den Eheaffären der Gräfin Margarete Maultasch von Tirol um. Ludwig hatte sie 1342 mit seinem verwitweten Brandenburger Sohn verheiratet, um sich das reiche und strategisch wichtige Land zu sichern – sehr zum Ärger der Luxemburger. Johanns Sohn Karl nutzte die Gelegenheit, um sich 1346 in Rhens zum Gegenkönig wählen zu lassen. Zu Ludwigs bereits geplanter Gegenoffensive kam es nicht mehr – er starb vorher auf einer Bärenjagd.

LUDWIG IV. DER BAYER

Der erste Wittelsbacher Kaiser hat geschickt taktiert und eine gewisse Stabilität hergestellt, das Papstschisma und die mittlerweile unübersichtlich gewordene Familienpolitik verkomplizierten jedoch die Situation.

Kopf Ludwigs des Bayern vom Grabmal in der Münchener Frauenkirche.

Karl IV.

* 14.5.1316 Prag 👑 1346/1349 👑 1355 † 29.11.1378 Prag
Eltern: König Johann von Böhmen & Elisabeth Przemysl

Portraitbüste Karls IV.

Der böhmische Prinz aus dem Haus der Luxemburger wurde zunächst auf den Namen Wenzel getauft. Im politischen Streit mit seiner Frau steckte der Vater das Kind einige Zeit ins Verlies der Prager Burg, der Siebenjährige wurde dann aber an den Hof König Karls IV. von Frankreich geschickt, wo er Karl den Großen als Namenspatron wählte.

Die französische Kultur hat ihn stark geprägt, sein Erzieher wurde der Abt von Fécamp, später Papst Clemens VI. Nachdem seine Tante Maria Karl IV. geheiratet hatte, wurde Karl mit Blanche, der Nichte des französischen Königs, verlobt.

Seine politischen Lehr- und Wanderjahre verbrachte Karl erst in Luxemburg, dann als Statthalter seines Vaters in Italien, wo er versuchte, die luxemburgischen Erwerbungen zu behaupten. 1333 wurde er Markgraf von Mähren und konnte nach der Erblindung seines Vaters reibungslos die Regierungsgeschäfte in Böhmen übernehmen. Karl zählte zu den Gegnern der Wittelsbacher, und nachdem ihn auch Papst Clemens VI. favorisierte, wurde er 1346 in Rhens als Gegenkönig an Stelle des gebannten Ludwig des Bayern gewählt und 1346 in Bonn gekrönt. Da sein Vater kurz zuvor gestorben war, fiel ihm auch die böhmische Königskrone zu.

Nicht alle waren mit dem »Pfaffenkönig«, wie ihn sogar der Philosoph Wilhelm von Ockham bezeichnete, zufrieden. Markgraf Ludwig von Brandenburg, der Sohn Ludwigs des Bayern, wollte ihn »wie einen Wurm zertreten« und betrieb nach dem Tod seines Vaters die Wahl des Gegenkönigs Günther von Schwarzburg, der 1349 in Frankfurt gekrönt wurde. Karl konnte den schwerkranken Günther jedoch noch im selben Jahr im Vertrag von Eltville gegen Zahlung einer beträchtlichen Summe zum Verzicht auf die Königswürde bewegen. Karl wurde noch einmal, diesmal einstimmig, gewählt und in Aachen gekrönt. Seine Frau Blanche war 1348 gestorben; durch die Heirat mit Anna, der Tochter des mächtigen Kurfürsten von der Pfalz, sicherte er seine Position.

Die Zeiten waren überall in Europa schwierig – die Pest wütete, Geißlerzüge verbreiteten religiöse Hysterie, und es kam auch zu grausamen Judenverfolgungen. Trotzdem machte sich Karl 1354 auf den Weg nach Italien. Der italienische Volkstribun Cola di Rienzi hatte ihn schon 1350 in Prag dazu ermutigt; auch Florenz, angeführt von Petrarca, wartete auf den neuen Herrscher. 1355 wurde Karl in Mailand mit der Langobardenkrone gekrönt, wenig später erhielt er in Rom die Kaiserkrone durch den Kardinal von Ostia in Vertretung des Avignoner Papstes. Ohne sich weiter mit den italienischen Ideologien und Intrigen zu beschäftigen, reiste Karl am nächsten Tag ab. Er erreichte aber, dass die Herrscher Italiens ihm den Eid leisteten und Steuern zahlten, sich damit also für den Kaiser und gegen den Papst entschieden.

Auf den Reichstagen von Nürnberg und Metz wurde 1356 das wohl wichtigste Gesetz des Heiligen Römischen Reiches beschlossen, das bis 1806 in Kraft blieb. Das goldene Siegel der kaiserlichen Kanzlei gab ihr den Namen: »Goldene Bulle«. Sie regelte die Königswahl und die Rolle der Kurfürsten, womit endlich den Doppelwahlen ein Ende gemacht wurde. Ein Zustimmungsvorbehalt des Papstes wurde nicht erwähnt, jedoch wurde ein Recht des gewählten Königs auf das Kaisertum vorausgesetzt. Mit der Goldenen Bulle war auch das föderalistische Prinzip festgeschrieben.

Mit Glück und Geschick erweiterte Karl seine Hausmacht: durch seine dritte Heirat mit Anna von Schweidnitz gewann er 1353 Schlesien, 1355 Teile der Oberpfalz mit dem reichen Eisenbergbau. Die vierte Ehe, 1362 mit Elisabeth von Pommern, stützte seine Politik im Osten. 1367 kam die Oberlausitz hinzu, 1373 durch einen Erbvertrag Brandenburg für seinen Sohn Wenzel. Der Erbvertrag von Brünn sicherte ihm 1364 die Anwartschaft auf Österreich. Doch der Kaiser sollte seine Machtfülle 1377 durch Erbteilung verschenken.

DER SCHWARZE TOD

1348/49 erlebte Europa eine verheerende Pestepidemie, die nur ein Drittel der Gesamtbevölkerung überlebte. Die durchschnittliche Lebenserwartung, die im 13. Jahrhundert bei 35 bis 40 Jahren lag, sank auf unter 20 Jahre. Die Seuche war wahrscheinlich mit Schiffen und über die Seidenstraße aus China gekommen und brach bis ins 16. Jahrhundert hinein immer wieder aus. Erst Ende des 19. Jahrhunderts gelang es, den Bazillus zu isolieren und ein Serum zu finden. Eigentlich ist die Pest eine Krankheit kleiner Säugetiere, die von Flöhen übertragen wird. Um welche Form der Pest es sich 1348 handelte, ist nicht klar, obwohl sie in Florenz ausführlich dokumentiert ist; auch Boccaccio berichtet darüber.

KARL IV.

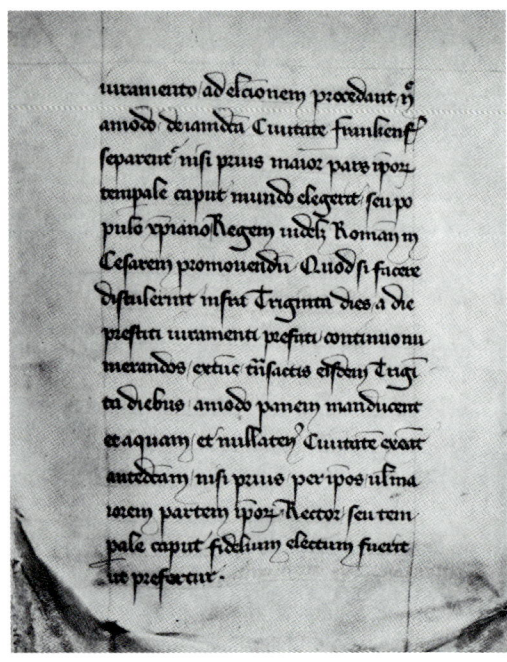

Eine Seite aus der »Goldenen Bulle«.

Karl IV. (links) und sein Sohn Wenzel.

Seit 1368 betrieb Karl die Wahl seines Sohnes Wenzel zum König und war nach einigen Zugeständnissen, vor allem an Erzbischof Kuno von Trier, 1376 am Ziel. Es war lange her, dass ein Kaiser noch zu Lebzeiten seinen Sohn hatte inthronisieren können.

Kaiser Maximilian war ungerecht, als er Karl »Böhmens Vater, aber des Reiches Stiefvater« nannte. Karl war ein durchaus moderner Politiker, der seine Risiken kühl kalkulierte, Weitblick und Sinn für wirtschaftliche Zusammenhänge besaß, ein Intellektueller, der diplomatische Lösungen bevorzugte. Für die Befreiung seines Stiefbruders Herzog Wenzel von Luxemburg, den Wilhelm von Jülich gefangen hielt, zahlte er 50 000 Gulden Lösegeld. Seinen Kritikern, die eine militärische Intervention erwartet hatten, soll er geantwortet haben: »Ihr Dummköpfe – ein Krieg hätte mich mehr gekostet. Man soll die Ritter so spät wie möglich der Gefahr aussetzen.«

Karl war aufgeschlossen für die neuen Ideen des Humanismus und ist als großer Mäzen im nationalen Gedächtnis geblieben. Die Sprache seiner Kanzlei war von entscheidender Bedeutung für die Entwicklung der neuhochdeutschen Literatur. Die Stadt Prag hat Karl viel zu verdanken, er baute den Veitsdom, gründete 1348 die Universität und ließ die Karlsbrücke über die Moldau schlagen. Nach französischen Vorbildern entstand die Burg Karlstein, in der die Reichskleinodien aufbewahrt werden sollten.

Wenzel

* 26.2.1361 Nürnberg ♛ 1376, abgesetzt 1400
† 16.8.1419 Wenzelstein/Böhmen
Eltern: Karl IV. & Anna von der Pfalz

Die Taufe des Sohnes aus der zweiten Ehe Karls IV. in der Nürnberger Sebalduskirche war ein riesiges Volksfest, zumal gleichzeitig die Verlobung des Neugeborenen mit der Tochter des Burggrafen von Nürnberg gefeiert wurde. Da die Heirat nicht zustande kam, bekam er – bereits zwei Jahre später (1363) zum König von Böhmen gekrönt und 1376 zum deutschen König gewählt – 1379 Johanna von Bayern zur Frau. Sie starb 1386 an der Pest, die auch vor Königshäusern nicht Halt machte, und Wenzel heiratete 1389 Sophie von Bayern. Beide Ehen blieben kinderlos.

Karl IV. band den Sohn schon früh in politische Aufgaben ein. Doch nach dem Tod des Vaters stand Wenzel vor schwierigen Aufgaben. Die Kurfürsten strebten nach einer weiteren Vergrößerung ihrer Macht, die reich gewordenen Städte, seit 1376 im Schwäbischen Städtebund vereint, nach mehr Unabhängigkeit. So kam es 1388 zum Städtekrieg, den der Reichslandfriede von Eger nur notdürftig kittete. Da die Zentralgewalt geschwächt blieb, wurde auch die Opposition des böhmischen Adels stärker.

Wenzels Jähzorn war berüchtigt, manche Zeitzeugen sahen in ihm einen Paranoiker, andere hielten ihn für faul, auch hat er gern über den Durst getrunken. Mit einem Wutanfall endete 1393 auch eine theologische Diskussion: Der erboste Wenzel ließ den Generalvikar Johann Nepomuk und zwei andere Geistliche verhaften und foltern – anschließend wurden sie in die Moldau geworfen. Erst viel später hieß es, Nepomuk, der als tschechischer Nationalheiliger 1729 heilig gesprochen wurde, habe als Beichtvater der Königin das Beichtgeheimnis nicht verletzen wollen.

Stilisierte Darstellung Wenzels aus dem 19. Jahrhundert.

WENZEL

In Deutschland formierte sich seit 1394 die Opposition der Fürsten, angeführt von Mainz und der Pfalz. Wenzels Vetter Jobst von Mähren nahm den König sogar für einige Zeit gefangen. Nur der plötzliche Tod Albrechts I. von Österreich verhinderte einen Krieg. Vorgeworfen wurde Wenzel nun auch die Erhebung Gian Galeazzos von Visconti zum Herzog von Mailand und der dadurch verminderte deutsche Einfluss in Italien, auch, dass er bisher nicht nach Italien und zur Kaiserkrönung gereist war und dass die Papstkrise nach wie vor ungelöst blieb: Beim Schisma hatte sich Wenzel zunächst für die römische Partei entschieden, heimlich aber in Avignon über die Anerkennung von Clemens VII. verhandelt.

Der Grund für seine Absetzung war aber nicht nur sein Versagen in der Führung des Reiches, sondern auch Neid. Wittelsbach und Nassau hatten sich 1396 gegen Wenzel verbündet. In Oberlahnstein erklärten die Kurfürsten 1400 den »unnützen König« für abgesetzt. Wenzel bekam einen seiner berüchtigten Wutanfälle, leistete dann aber keinen großen Widerstand und blieb fortan als Wenzel IV. König von Böhmen. Er förderte die tschechische Nationalbewegung und stand anfangs den Hussiten wohlwollend gegenüber. Nach der Verbrennung des Reformators auf dem Konstanzer Konzil kam es aber in Prag zum offenen Aufruhr – beim ersten Prager Fenstersturz wurden sieben Ratsherren aus dem Neustädter Rathaus geworfen. Wenzel war am Ende seiner Kräfte. Nach seinem Tod brachen die Hussitenkriege aus.

Avignon, das französische Domizil der Päpste während des Schismas, wird belagert.

RUPRECHT I. VON DER PFALZ

* 5.5.1352 Amberg 👑 1400
† 18.5.1410 Burg Landskron/Oppenheim
Eltern: Kurfürst Ruprecht II. von der Pfalz & Beatrix von Aragon

Nach der Absetzung König Wenzels entschieden sich die Kurfürsten für Pfalzgraf Ruprecht. Mit seinem Vater regierte er als geachteter Landesherr die Pfalz, residierte aber meist in Nürnberg, verheiratet mit Elisabeth, der Tochter des Burggrafen. Im Machtspiel der Dynastien hatte er sich gut positioniert, indem er den Sohn Ludwig erst mit der Tochter des englischen Königs Heinrich IV. und dann mit der Tochter des Herzogs von Savoyen verheiratete, seine Tochter Margarete mit Karl dem Kühnen von Lothringen, Agnes mit dem Markrafen von Kleve und Elisabeth mit dem Herzog von Österreich. Nach dem Tod seines Vaters 1398 regierte er von Heidelberg aus und verstand es, zwischen den luxemburger, lothringer, französischen und wittelsbacher Interessen geschickt zu lavieren.

Bei der Absetzung Wenzels hatte er im Hintergrund die Fäden gezogen. Als der neugewählte König Ruprecht nach Aachen kam, blieben die Tore der Stadt jedoch geschlossen – er wurde 1401 in Köln gekrönt. Mit finanzieller Unterstützung der Stadt Florenz machte er sich noch im selben Herbst auf den Weg nach Rom, scheiterte jedoch schon am Widerstand in Oberitalien. Seine Heerführer ließen ihn im Stich – Leopold von Österreich wurde später des Verrats beschuldigt, die Truppen des Kölner Erzbischofs marschierten einfach nach Hause. Papst

RUPRECHT I. VON DER PFALZ

Vorherige Seite: Grabplatte Ruprechts und Elisabeths in der Heilig-Geist-Kirche zu Heidelberg.

Bonifatius IX. wollte sich wegen einer Krönung ohnehin noch nicht festlegen. Ruprecht kehrte mit leeren Händen nach Deutschland zurück.

Hier hatte sich jedoch um die Grafen von Baden und Württemberg und den Mainzer Erzbischof eine starke Opposition gebildet, die sich 1405 in Marbach zu einem gegen den König gerichteten Bund vereinte. Dieselben Fürsten, die ihn gewählt hatten, verweigern ihm nun die Gefolgschaft. Im Schisma hielt Ruprecht unverbrüchlich am römischen Papst fest, was, im Verbund mit den reformerischen Professoren, die er an die von seinem Vater gegründete Heidelberger Universität berief, zu neuen Konflikten führte. Mainz, das beim Schisma mit Frankreich paktierte, plante sogar schon die Absetzung Ruprechts; allerdings gelang es diesem, 1410 die Landgrafen von Hessen und Braunschweig auf seine Seite zu ziehen. Wohl schon länger krank, starb Ruprecht noch während der Auseinandersetzungen.

SIGISMUND

* 15.2.1368   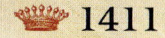 1411    1433
† 9.12.1437 Znaim/Südmähren
Eltern: Karl IV. & Elisabeth von Pommern

Bei der Teilung des luxemburgischen Besitzes erhielt der achtjährige Sigismund 1376 die Markgrafschaft Brandenburg. Beim Tod seines Vaters wurde sein Halbbruder, König Wenzel, Vormund, doch gleich nach seiner Verlobung mit Maria, der Tochter des ungarischen Königs Ludwig I., kam Sigismund zur Ausbildung an den Hof in Buda. Im Polenfeldzug nach dem Tod König Ludwigs konnte er sich aber nicht gegen Jagello von Litauen durchsetzen, der mit Marias Schwester verheiratet war, und musste zu deren Gunsten auf Polen verzichten. Die Hochzeit mit Maria fand 1385 statt, aber auch in Ungarn konnte Sigismund sich nur mit Hilfe von König Wenzel durchsetzen und wurde erst 1387 gekrönt.

Der Polenkrieg und der ständige Kampf gegen die Osmanen hatten solch hohe Kosten verursacht, dass Sigismund 1388 Brandenburg an Jobst von Mähren verpfänden und 1402 die Neumarkt an den Deutschen Orden abtreten musste. Er blieb sein Leben lang verschuldet.

Seit der Schlacht am Amselfeld 1389 im serbischen Kosovo stand ein neuer Krieg gegen die Osmanen bevor. Sigismund erlitt jedoch 1396 bei Nikopolis in Bulgarien eine vernichtende Niederlage und konnte nur mit Mühe flüchten. Seine Frau war gestorben und seine Stellung fast unhaltbar. 1401 wurde er vorübergehend in Haft genommen, kam aber frei, da sich die Ungarn nicht auf einen anderen König einigen konnten. Im folgenden Jahr übertrug ihm der abge-

SIGISMUND

setzte Wenzel die Regierung in Böhmen. Sigismund, in zweiter Ehe mit Barbara von Cilli verheiratet, wandte sich nun verstärkt der Innenpolitik zu.

Nach dem Tod König Ruprechts kam es 1410, entgegen den Bestimmungen der Goldenen Bulle, wieder zu einer Doppelwahl. Eine Minderheit wählte Sigismund, die Mehrheit Jobst von Mähren, dessen baldiger Tod jedoch neue Konflikte verhinderte. Sigismund, 1411 nochmals gewählt und 1414 in Aachen zum König gekrönt, gewann als gewandter und ritterlicher Staatsmann bald Anerkennung, einigte sich auch mit seinem Halbbruder Wenzel und wurde nach dessen Tod 1420 König von Böhmen.

Es ist Sigismunds Verdienst, dass es ihm mit viel Diplomatie gelang, 1414 das Konstanzer Konzil einzuberufen, das 1418 endlich das Schisma beenden sollte. Auf dem Konzil wurde aber auch der böhmische Reformer Jan Hus, den die Kirche zum Ketzer erklärt hatte, verbrannt, womit der Kaiser sich die Böhmen zu erbitterten Feinden machte. Sigismund musste mehrere verlustreiche Feldzüge gegen die Hussiten führen.

Nach dem Tod Jobsts von Mähren hatte Sigismund den Nürnberger Burggrafen Friedrich zum Verwalter von Brandenburg eingesetzt, den er wenig später zum Markgrafen erhob und mit der Kurwürde belehnte. So begann der Aufstieg der Hohenzollern. Eine wichtige Weichenstellung bedeutete 1423 auch die Verleihung des Herzogtums Sachsen an die Wettiner.

Sigismunds oberstes Ziel war eine gesicherte Hausmacht, im Verein mit Ungarn und Böhmen, unterstützt von einem Bündnis mit Habsburg. Im politisch stark verändertem Italien konnte er jedoch die frühere deutsche Vorherrschaft nicht erhalten, obwohl er 1431 in Mailand mit der lombardischen Krone gekrönt wurde. Sigismund, der es nach seiner Wahl zum König nicht für nötig gehalten hatte, den Papst formell zu informieren, wurde 1433 schließlich von Papst Eugen IV. zum Kaiser gekrönt – nachdem man sich in theologischen Fragen, wie sie die Hussiten und radikalere Bewegungen auf den Weg gebracht hatten, und über eine Fortsetzung des Basler Konzils geeinigt hatte.

> **SCHISMA**
>
> Schon mehrfach hatte es zwei Päpste gleichzeitig und auch Kirchenspaltungen gegeben. Das große abendländische Schisma begann jedoch 1378 nach dem Tod Gregors XI. Die Kardinäle hatten Urban VI. gewählt, wohl nicht ganz freiwillig, denn die Römer verlangten dringend die Wahl eines italienischen Papstes. Die französischen Kardinäle erklärten diese Wahl für ungültig und erhoben Robert, den Kardinal von Genf, zum Papst, der dann in Avignon residierte. Jeweils mehrere Nachfolger wurden in Rom wie in Avignon gewählt. Die Folgen für die europäische Politik waren gravierend. Alle fanden, dass der Kaiser sich einschalten müsse. Mit viel diplomatischem Geschick erreichte Sigismund, dass Papst Johannes XXIII. ein Konzil nach Konstanz einberief, das die Zustimmung aller Parteien erhielt. 1415–17 wurden in Konstanz Johannes XXIII. und Benedikt XIII. abgesetzt, Gregor XII. war vorher freiwillig zurückgetreten. Als neuer Papst wurde Martin V. gewählt. Das Schisma war endlich beendet.

Sigismund konnte sich nun der Reform des Reiches widmen und versuchte, den stark angewachsenen Territorialismus einzudämmen, der das Land nur schwächte. 1434 reiste er nach Ungarn und traf auf dem Weg in Regensburg den byzantinischen Kaiser Joannes VIII. Paleologos. Die Versöhnung der römisch-katholischen mit der griechisch-orthodoxen Kirche hatte Sigismund schon lange im Sinn. Die Union kam 1439 in Ferrara, wohin sich das Basler Konzil vertagt hatte, zustande, wenn auch nur für kurze Zeit. In Ungarn, das an der einen Grenze von den Türken, an der anderen von den Hussiten bedrängt wurde, hatte er allerdings keinen Erfolg. Doch inzwischen hatte sein Kanzler Kaspar Schlick günstig in Böhmen verhandelt. Sigismund, der Prag vor 16 Jahren fluchtartig hatte verlassen müssen, konnte im Triumph wieder einziehen.

Auch seine Nachfolge lag ihm am Herzen, denn er hatte nur eine Tochter aus der zweiten Ehe mit Barbara von Cilli: Elisabeth sollte jedoch als Frau Albrechts II. von Habsburg die nächste Königin werden. Auf dem Sterbebett beschwor der Kaiser seine Räte, für einen reibungslosen Regierungsübergang zu sorgen.

Sigismund war ein ideenreicher Pragmatiker, dem es gelang, die Einheit der Kirche noch einmal wiederherzustellen. Am Ende des Mittelalters war er schon ein Vorläufer der Renaissance.

Oben: Jan Hus wird als Ketzer verbrannt.

Linke Seite: Gefangennahme des böhmischen Reformers Jan Hus.

ALBRECHT II.

* 16.8.1397 Wien ♛ 1438 † 27.10.1439 Neszmély b. Gran
Eltern: Herzog Albrecht IV. von Österreich & Johanna von Bayern

Mit der Wahl Albrechts hatten es die Habsburger im dritten Anlauf geschafft, ohne allerdings zu ahnen, dass das Haus Habsburg mit nur einer Ausnahme bis zum Ende des Heiligen Römischen Reiches Deutscher Nation – in Österreich bis zur Abdankung Kaiser Karls I. 1918 – die herrschende Dynastie bleiben sollte.

Albrecht war sieben Jahre alt, als sein Vater starb. Nach dem Tod seines Vormundes, Herzog Wilhelm, kam es zum Streit um die Vormundschaft zwischen den verschiedenen Linien der Familie, der sich zum regelrechten Bürgerkrieg auswuchs. Als die feindlichen Parteien gar Söldnerheere ins Land holten, schritt Kaiser Sigismund ein, der auch um seine Grenzen fürchtete. Er hatte seine zweijährige Tochter Elisabeth mit Albrecht verlobt und fand, dass Albrecht genug »redliche Vernunft« besitze, um 1411 Herzog seines Landes zu werden. Als die abgesetzten Vormünder ihren Einfluss nicht aufgeben wollten, entführten die Stände Albrecht und huldigten ihm. Albrechts Onkel Leopold war darüber so wütend geworden, dass er einen Schlaganfall bekam und starb. Die Besitzverhältnisse wurden jedoch neu geregelt und Albrecht erhielt Niederösterreich.

1421 heiratete Albrecht Elisabeth, Sigismunds einziges Kind, Erbin von Böhmen und Ungarn. 1423 wurde er von Sigismund mit Mähren belehnt und hielt sich dann meist dort und in Böhmen auf, um seinem Schwiegervater in den Hussitenkriegen beizustehen, die seit 1419 das Land erschütterten. Gleich nach dem Tod Sigismunds 1437 erfolgte Albrechts Wahl zum König der Ungarn, mit der Auflage, nicht Kaiser zu werden und im Land zu bleiben, um die Türken besser bekämpfen zu können. Wenige Tage später wurde

Albrecht im Prager Veitsdom zum böhmischen König gekrönt – allerdings musste er hier den Hussiten Zugeständnisse machen.

1438 wählten die deutschen Kurfürsten Albrecht zum König. Sie erklärten gleichzeitig, dass der Erwählte auch den Kaisertitel führen dürfe – ohne päpstliche Krönung. Aber es kam in der kurzen Zeit, die Albrecht blieb, nicht einmal zur Krönung in Aachen. Der König hielt sich selten in Deutschland auf, weil seine Erblande ihn stark beanspruchten. Als Kanzler übernahm er von seinem Vorgänger den umstrittenen Kaspar Schlick – übrigens der erste nicht-adelige Kanzler in der Geschichte des Reiches. Auf den Reichstagen wurde eine Friedensordnung verabschiedet und Reformvorschläge, die allerdings vor allem von den Kurfürsten ausgingen, diskutiert. Das Konzil von Basel, das seit 1431 tagte, war noch immer zu keinem Ergebnis gekommen, weder in der Hussitenfrage noch im Suprematiestreit, so sehr Albrecht mit den Kurfürsten um Vermittlung bemüht war. Da man sich mit Papst Eugen nicht einigen konnte, wählte das Konzil 1439 einen Gegenpapst, Felix V. – dies sollte jedoch das letzte Papstschisma sein.

Durch die Unabhängigkeitsbewegung in der Schweiz ging viel Habsburger Besitz, darunter auch die Stammburg, verloren. Doch das größte Problem für Albrecht waren die leeren Kassen des Staates. Und nun waren die Türken in Ungarn gefährlich nah gekommen. An der Mündung der Theiß in die Donau wollte der König 1439 sein Heer treffen, das schon mit 80 Schiffen unterwegs war. Zu dieser Zeit aber brach eine Ruhrepidemie aus, an der auch Albrecht starb.

Albrecht hatte zwei Töchter. Nach seinem Tod brachte seine Frau Elisabeth den Sohn Ladislaus zur Welt, der daher den Beinamen Postumus erhielt. Die Witwe hatte die ungarische Stephanskrone in ihren Besitz gebracht und ließ das Baby 1440 zum König von Ungarn krönen. Die ungarischen Stände wählten jedoch Wladislaw IV. von Polen als König und Elisabeth musste nachgeben. Ladislaus wurde später König von Böhmen, starb aber schon 1457.

Albrecht war der erste Herrscher, der Österreich, Ungarn und Böhmen vereinte – die Länder, die zum Schwerpunkt der Habsburger »Donaumonarchie« wurden. Gebildet und tatkräftig, setzte er außerdem die vorherige luxemburgische Politik fort, auch wenn ihm für Deutschland nur wenig Zeit blieb.

Albrecht II., vor Maria kniend (links).

Friedrich III.

* 21.9.1415 Innsbruck ♛ 1440 ♛ 1452 † 19.8.1493 Linz
Eltern: Herzog Ernst von Innerösterreich & Zymburgis von Masowien

A.E.I.O.U.

Mit diesen Buchstaben ließ der traditionsbewusste Habsburger Kaiser Friedrich III. seinen gesamten Besitz kennzeichnen: *Austria erit in orbe ultima* – was heißen sollte »Österreich soll ewig bestehen«. Spötter interpretierten es jedoch als »Alles erst in Österreich untergegangen«. Um diese Kombination, die schon der junge Friedrich im Notizbuch seiner Jerusalemreise festgehalten hat, entstand später ein regelrechter Kult. Es ist jedoch kein Wahlspruch, wie ihn alle Habsburger Kaiser wählten. Der hieß bei Friedrich III. *hic regit, ille tuetur*, Die (Weisheit) regiert, das (Schwert) schützt. Rudolf I. hatte als Wahlspruch *utrum lubet*, Wie es beliebt, Maximilian I. *per tot discrimina rerum*, Durch so viele Gefahren.

Auch der junge Friedrich musste sich früh mit Erbstreitigkeiten herumplagen. Endlich Herzog von Steiermark und Kärnten, ging er 1436 auf Pilgerfahrt ins Heilige Land. Sparsam war er schon damals, sein erhaltenes Notizbuch enthielt neben persönlichen Notizen peinlich genaue Angaben über die Reisekosten.

1440 wurde er zum König gewählt und zwei Jahre später in Aachen gekrönt. Seit dem Tod seines Vaters war Friedrich Chef des Hauses Habsburg und verzettelte sich sein Leben lang mit den Intrigen der großen Familie, die Österreich fast an den Rand des Chaos brachten.

Aber Friedrich gelang es endlich, sich mit dem Papst über das Basler Konzil zu verständigen und 1448 das Wiener Konkordat zu verabschieden, das bis 1806 die Beziehungen zwischen Reich und Kurie regelte. Vermittelt hatte Kanzler Kaspar Schlick und der gelehrte Enea Silvio Piccolomini, der spätere Papst Pius II. Friedrich heiratete 1452 in Rom Eleonore Helena, die Infantin von Portugal, drei Tage später wurden sie im Petersdom von Papst Nikolaus V. gekrönt. Es war die letzte Kaiserkrönung in Rom.

Während Friedrich sich in Italien aufhielt, hatten sich die böhmischen und ungarischen Stände mit den österreichischen verbündet, weil sie Ladislaus Postumus, Friedrichs Mündel, zum König haben wollten. Nach Friedrichs Rückkehr wurde Wien belagert, aber Friedrich verteidigte sich von der Wiener Neustadt aus und gab Ladislaus erst nach längeren Verhandlungen frei. In Ungarn hatten oppositionelle Adlige, die mit König Mathias Corvinus unzu-

FRIEDRICH III.

frieden waren, Friedrich zum Gegenkönig gewählt; da er sich nicht durchsetzen konnte, musste Friedrich Corvinus 1463 anerkennen, wobei er ein Erbrecht auf das Land erhielt und den Titel »König von Ungarn« behalten durfte. Den sich häufenden Einfällen der Türken in sein Land sah der Kaiser eher passiv zu. Er hatte auch keinen Erfolg bei dem Versuch, 1444 den Schweizer Besitz und die Stammburg wieder zu erobern.

Aus der deutschen Politik hatte Friedrich sich weitgehend zurückgezogen, mit den noch von Sigismund angestoßenen Reformen ging es nicht weiter. Immer wieder brachen neue Fehden aus. Im Ersten Markgräfler Krieg versuchte Markgraf Albert Achilles von Brandenburg 1449–53 das Territorium der Hohenzollern zu vergrößern. Seit 1444 war Friedrich nicht mehr in Deutschland gewesen. Erst die Belagerung von Neuss zwang ihn, 1475 einzugreifen. Der Kölner Erzbischof Ruprecht, Bruder des mächtigen Pfalzgrafen Friedrich der Siegreiche, hatte in einem Streit mit der Stadt Karl den Kühnen von Burgund um Unterstützung gebeten. Karl der Kühne, dem sich auch die Pfalz angeschlossen hatte, umzingelte die Stadt mit seinem 18 000 Mann starken Heer. Die Bedrohung durch ein anderes Land führte in Deutschland zu einem überschäumenden Nationalgefühl, dem Friedrich sich nicht entziehen konnte. Als der König mit seinem Heer anrückte, zog sich der Burgunderfürst zurück.

Dabei war Friedrich eigentlich an guten Beziehungen zum Burgunder Hof gelegen, denn er wollte seinen Sohn Maximilian mit Maria, der Tochter Karls des Kühnen, verheiraten. Eine Verbindung der reichen Erbin mit dem französischen Königshaus sollte dadurch verhindert werden. Erste Verhandlungen 1473 in Trier waren gescheitert, doch die Heirat kam 1477 nach dem Tod Karls zustande.

Die Hochzeit Friedrichs III. mit Eleonore Helena von Portugal.

FRIEDRICH III.

Inzwischen hatte der ungarische König Mathias Corvinus einige Siege gegen die Türken errungen und nutzte die Gelegenheit, in habsburgische Lande einzufallen. 1485 wurde Wien erobert und Friedrich aus der Hofburg vertrieben. Seine letzten Jahre verbrachte Friedrich zurückgezogen in Linz, wo er sich mit Alchimie und Astrologie beschäftigte. Er starb nach einer Fußamputation.

Durch den Verzicht seines Vetters Sigmund, der ohne Erben war und schon versucht hatte, sein Land an die Wittelsbacher zu verkaufen, konnte Friedrich Tirol zurückgewinnen und vereinte nun endlich wieder den gesamten habsburgischen Besitz. Obwohl er den Spitznamen »Des Heiligen Römischen Reiches Erzschlafmütze« bekommen hatte und sicher manchmal passiv und phlegmatisch war, so war es doch gerade seine Ausdauer, mit der er konsequent die Grundlagen für den Aufstieg des Hauses Habsburg legte.

Standbild Friedrichs III. am Grabmal Maximilians I. in der Hofkirche zu Innsbruck.

Maximilian I.

* 22.3.1459 Wiener Neustadt  1486 ♛ 1508
† 12.1.1519 Wels
Eltern: Friedrich III. & Eleonore von Portugal

Der temperamentvolle Maximilian war das Gegenteil seines Vaters. Der Prinz war das Bild eines Ritters und verstand es auch, seinen Ruhm und den seines Hauses zu verbreiten. Albrecht Dürer entwarf 192 Holzschnitte für einen Triumphbogen nach römischem Muster; mit dem »Theuerdank«, einem allegorischen Gedicht über seine Brautwerbung, und dem »Weißkunig«, einer Art Autobiographie, beide zu großen Teilen von ihm geschrieben, feierte der Fürst sich selbst. Maximilian war ein guter Jäger und Reiter, liebte Turniere und Feste und hatte sogar Sinn für Humor. Im ausgehenden Mittelalter lebte er schon wie ein Renaissancefürst.

Seine Jugend in der belagerten Wiener Neustadt war eher trist gewesen. Drei seiner Geschwister und seine Mutter starben früh.

Nach dem Tod ihres Vaters, Karls des Kühnen von Burgund, rief ihn seine Braut Maria 1477 verzweifelt zu sich. Der französische König Ludwig XI. wollte das Land und die Prinzessin für seinen Sohn und war schon in Burgund eingefallen. Maximilian kam als strahlender Retter. Die Verlobten hatten einander vorher nie gesehen, und jeder sprach nur seine Sprache – aber alle Chronisten berichten, dass es Liebe auf den ersten Blick war. Die Hochzeit wurde gleich in Gent vollzogen, wegen der Hoftrauer und der Kriegsgefahr ohne großen Pomp. Von den Engländern unterstützt, besiegte Maximilian die Franzosen 1479 in der Schlacht von Guinegate.

MAXIMILIAN I.

Maria gebar Philipp den Schönen, der später Johanna »die Wahnsinnige« von Kastilien-Aragon heiratete, und Margarete, die nach den Ehen mit Johann, dem Infanten von Kastilien-Aragon, und mit Philibert II. von Savoyen Statthalterin der Niederlande wurde. Maria starb schon 1482 nach einem Reitunfall; Maximilian hat sie sein Leben lang betrauert.

Maria hatte ihren Mann zum Vormund der Kinder gemacht, aber die Lage wurde schwierig, da die Burgunder sich, nicht ohne Nachhilfe Frankreichs, gegen den Fremden auflehnten. 1486 zum König gewählt und in Aachen gekrönt, ging Maximilian gleich wieder nach Burgund zurück, wo er jedoch in Brügge verhaftet wurde. Nach dreimonatiger Haft musste er auf Flandern verzichten und Frankreich als Schutzherrn anerkennen; seine Tochter wurde als Verlobte des kranken Königssohns, den schon ihre Mutter nicht heiraten wollte, fast wie eine Geisel an den französischen Hof geschickt. Erst ein Heer Friedrichs III. sorgte für Maximilians Befreiung. 1489 schloss Maximilian Frieden mit Frankreich: Flandern erkannte seine Regentschaft an, Burgund, ohne den südlichen Teil, der nun Frankreich gehörte, nannte man seitdem die Niederlande.

Zwischen Hoftrauer und Kriegsgefahr: Die Hochzeit Maximilians I. mit Maria von Burgund.

Auch in Österreich hatten sich inzwischen die Fronten beruhigt, die Stände des von seinem Vater gerade wiedergewonnenen Tirol huldigten Maximilian. Innsbruck sollte später eine seiner Lieblingsresidenzen werden, die Fürstenwohnung am Neuhof wurde mit einem ganz im Stil der Spätgotik gehaltenen Prunkerker, dem »Goldenen Dachl«, verziert.

Nach dem Tod seines Vaters übernahm Maximilian die Regierung in Wien und bekämpfte erfolgreich die rebellischen Ungarn. Wegen Geldmangels musste der König jedoch auf die Eroberung des ganzen Landes verzichten. 1491 sorgte die sonst so erfolgreiche Habsburger Heiratspolitik für einen neuen Konflikt mit Frankreich. Maximilian hatte sich 1490 mit Anne de Bretagne verlobt, auch sie eine reiche Erbin und von Frankreich bedroht. Durch militärische Überrumpelung gelang es König Karl VIII., sich die Braut samt der Bretagne zu sichern; seine bisherige Verlobte, Maximilians Tochter, wurde einfach nach Hause geschickt. Maximilian heiratete dann in zweiter Ehe Bianca Sforza aus Mailand, die zwar nicht ganz standesgemäß, aber sehr reich war. Die Ehe blieb kinderlos, und die extravagante Bianca verschwendete wohl mehr Geld, als sie mitgebracht hatte.

Die habsburgischen Erblande bekamen eine Zentralverwaltung. Maximilian war auch ein guter Feldherr; er organisierte eine schlagkräftige Söldnertruppe, die er den adligen Ritterheeren vorzog. Da er an Festungstechnik interessiert war, zeichnete Albrecht Dürer zahlreiche Wehranlagen für ihn.

Auf seinem ersten Reichstag 1495 in Worms hatte Maximilian den Ewigen Landfrieden proklamiert, mit dem Verbot der Fehde und der Einrichtung des Reichskammergerichts. Als Kopfsteuer wurde der »Gemeine Pfennig« eingeführt. Der Schwabenkrieg von 1499 führte bald zur Unabhängigkeit der Schweiz.

Karl VIII. war 1494 in Italien eingefallen, im folgenden Jahr verbündete sich Maximilian mit Papst Alexander VI., Mailand, Venedig und Aragon, später schloss sich auch England der Liga an. Damit zeichnete sich der Beginn der modernen Großmachtpolitik ab. Der französische König zog sich zurück, die Liga hatte aber keinen Bestand, und Karls Nachfolger, Ludwig XII.,

Hofmaler
Leonardo da Vinci hatte als Kriegs- und Zivilingenieur der Sforza in Mailand wenig Zeit zum Malen, aber er entwarf fürstliche Dekorationen für die Hochzeit von Bianca Sforza mit Maximilian I. Fürsten und Päpste drängten sich, um von Tizian, dem großen Meister der venezianischen Malerschule, gemalt zu werden. Karl V. lernte ihn 1532 in Bologna kennen. Tizian porträtierte den Kaiser gleich zweimal. Karl V. erklärte bewundernd: »Herzöge kann ich schaffen, aber keinen Tizian« und ernannte ihn zum Hofmaler. ➤

MAXIMILIAN I.

besetzte 1500 erneut Mailand, das er aber bald wieder verlor. 1504 wurde mit dem Vertrag von Blois eine Aussöhnung mit Frankreich versucht. Man wollte sogar gemeinsam gegen Venedig ziehen. Maximilians Sohn Philipp der Schöne hatte die Gespräche an der Loire vermittelt. Obwohl Frankreich den Vertrag bald löste, verbündete man sich 1508 erneut in der Liga von Cambrai. Im selben Jahr nahm Maximilian den Kaisertitel an – in Trient, da der Weg nach Rom durch Venedig versperrt war. Die Bündnisse und das Kriegsglück wechselten. Italien sollte in den folgenden Jahrzehnten das Schlachtfeld des französisch-deutschen Konfliktes bleiben.

Maximilian plante in großen Dimensionen. Mit zwei Bündnissen, besiegelt jeweils mit Doppelhochzeiten – 1491 mit den Jagellonen, 1494 mit Spanien – hat er Habsburgs Weltmachtstellung begründet.

▷ Lucas Cranach d. Ä. (Bild unten) wurde von Kurfürst Friedrich dem Weisen nach Wittenberg berufen, wo er seinen Malstil zu wandeln und zu vervollkommnen begann.

Albrecht Dürer war ein Bürger der Freien Reichsstadt Nürnberg, aber über ihn und Kaiser Maximilian wird eine ganz ähnliche Anekdote erzählt. Der künstlerisch interessierte Maximilian war mit dem Maler fast befreundet. Dürer porträtierte den Kaiser mehrfach (Bild rechts) und zeichnete auch sein Gebetbuch.
Giuseppe Arcimboldo malte Kaiser Rudolph II. als »Herbst« mit einer Birnennase, die Stirn war ein Kürbis. Der italienische Manierist war schon von Kaiser Ferdinand I. als Hofmaler berufen worden und lieferte zunächst konventionelle Porträts seiner Auftraggeber. Rudolph II. schätzte seine skurrile Phantasie und sein Talent zu originellen Karikaturen. 26 Jahre war er für den Hof tätig, dann kehrte er, mit dem Titel eines Pfalzgrafen versehen, nach Italien zurück.

Karl V.

* 24.2.1500 Gent ♛ 1519 ♛ 1530, abgedankt 1556
† 21.9.1558 San Geronimo de Yuste

Eltern: Philipp I. von Burgund & Johanna von Kastilien-Aragon

Karl war beim Tod seines Vaters sechs Jahre alt. Er wuchs unter der Vormundschaft seiner klugen Tante Margarete in den Niederlanden auf, deren Hof von der ritterlich-höfischen Kultur Burgunds geprägt war. Einer seiner Erzieher war der spätere Papst Hadrian VI. 1515 übernahm Karl die Regierung der Niederlande. Als er 1516 König von Spanien wurde und ins Land kam, traf er zum ersten Mal seine Mutter, die wegen ihrer übermäßigen Trauer um den verstorbenen Gatten Philipp als wahnsinnig galt und gefangen gehalten wurde.

Kaiser Maximilian war es vor seinem Tod nicht gelungen, die Thronfolge für seinen Enkel zu sichern, nun bewarb sich Karl selbst. Es begann ein monatelanges Feilschen. Von den Fuggern hatte Karl sich beträchtliche Summen für seinen »Wahlkampf« geliehen – denn Gegenkandidat war der französische König Franz I., den Papst Leo X. unterstützte.

Karl hatte den Kurfürsten mit 850 000 Gulden wohl genug gezahlt, denn 1519 wurde er zum König gewählt, musste allerdings auf einige herrscherliche Befugnisse verzichten und versprechen, die Reichsämter nur mit Deutschen zu besetzen. Er reist 1520 nach Aachen, um gekrönt zu werden.

Oben: Karl V. mit Friedrich dem Weisen von Sachsen auf der Jagd.

Rechte Seite: Folter, Recht und harte Strafen: Die »Peinliche Gerichtsordnung« Karls V., auch »Carolina« genannt.

In Deutschland zeichneten sich entscheidende Veränderungen ab, seit 1517 der Augustinermönch Martin Luther seine 95 Thesen an die Türe der Wittenberger Schlosskirche genagelt hatte. Bald stellte der Reformator auch das Papsttum und die Kirchenhierarchie in Frage. Mit »An den christlichen Adel deutscher Nation« rief er 1520 zur Reformation auf. Durch den kurz zuvor von Gutenberg erfundenen Buchdruck wurde diese Schrift schnell und weit verbreitet.

Auf dem ersten Reichstag, den Karl 1521 nach Worms einberufen hatte, sollte Luther sich rechtfertigen. Da er bei seiner Meinung blieb, wurde über den Ketzer, den Friedrich der Weise von Sachsen bisher geschützt hatte, die Reichsacht verhängt. In Worms schloss Karl auch mit seinem jüngeren Bruder Ferdinand I., der in Spanien aufgewachsen war, einen Erbvertrag, in dem er Österreich und Tirol abtrat.

Die Kriege mit Frankreich um Italien, die unter Maximilian I. begonnen hatten, gingen weiter. Der Politik ging es dabei jetzt auch um ein Gleichgewicht der Mächte. Franz I. von Frankreich fürchtete nach seiner Wahlniederlage die Übermacht der habsburgischen Länder doppelt. Nach dem Sieg Karls in der Schlacht von Pavia 1521 geriet der französische König in Gefangenschaft. Karl diktierte den Frieden von Madrid, den Franz I. nach seiner Freilassung für ungültig, da erzwungen erklärte. Er verbündete sich gegen Karl in der Liga von Cognac mit Mailand, Florenz, Venedig und dem Vatikan, wurde jedoch von den Landsknechten des kaiserlichen Feldhauptmanns Georg von Frundsberg (1473–1528) besiegt. Die marodierenden Soldaten drangen bis Rom vor, wo der Papst, in die Engelsburg geflüchtet, kapitulierte. Die Verwüstungen des *sacco di Roma* (Blutbad von Rom) waren fürchterlich. Doch der Krieg war noch lange nicht zu Ende.

1529 siegte Karl in Landriano, diesmal handelten Margarete von Österreich und Louise von Orléans den »Damenfrieden« von Cambrai aus. Da gleichzeitig in Spanien die Aufstände der Communeros unterdrückt werden mussten, hatte Karl kaum Zeit für Deutschland. So konnte sich der Protestantismus Luthers fast ungehindert ausbreiten.

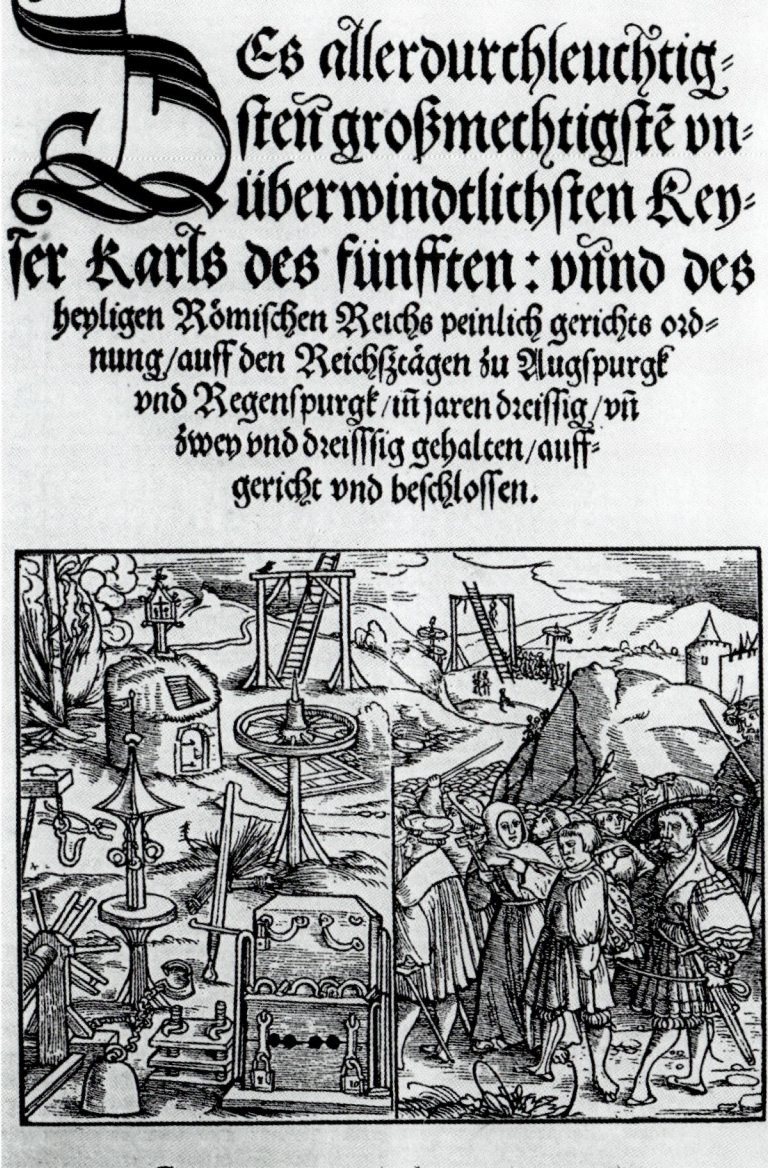

KAISERLICHE SCHULDEN

Ende des 14. Jahrhunderts ließ sich die Familie Fugger, die als Weber und Tuchhändler schon zu Geld gekommen war, in Augsburg nieder. Der Wohlstand vermehrte sich noch schneller, nachdem die Fugger sich im 15. Jahrhundert am Tiroler Silberbergbau beteiligt hatten. Im 16. Jahrhundert bauten sie ihr Handelsnetz über die ganze Welt aus, kontrollierten fast das gesamte Kupfergeschäft und verdienten auch am Ablasshandel gut. Jakob Fugger (Bild unten) hatte Maximilian I. 170 000 Gulden für den Krieg in Italien geliehen. Er finanzierte dann mit 800 000 Gulden das »Handsalben« – so wurden Schmiergelder vornehm umschrieben – der Kurfürsten für die Wahl Karls V. Da Jakob keine Kinder hatte, ging sein Vermögen 1525 an seine Neffen Anton und Raimund. Karl V. und dann auch Ferdinand I. brauchten weiter Geld für ihre Kriege. Mitte des 16. Jahrhunderts hatte der Kaiser Schulden in Millionenhöhe, Ferdinand I. stand mit 600 000 Gulden in der Kreide – was sogar die Fugger in Bedrängnis brachte. Da sie als Pfand reichlich Land erhalten hatten, widmeten sie sich, in den erblichen Reichsgrafenstand erhoben, vorwiegend dem Ausbau ihrer Ländereien.

KARL V.

Hier stehe ich

»Hier stehe ich und kann nicht anders«, erklärte der Reformator Martin Luther, nachdem er 1521 auf dem Wormser Reichstag seine Thesen verteidigt hatte. »Der soll mich nicht zum Ketzer machen«, kommentierte der wenig beeindruckte Kaiser Karl V., doch das Volk jubelte. Luther war freies Geleit nach Worms zugesagt worden, doch nun kam zu dem päpstlichen Bann auch noch die Reichsacht. Man war beunruhigt, als Luther dann plötzlich verschwunden war. Sein sächsischer Landesherr hatte ihn im Handstreich heimlich auf die Wartburg bringen lassen. Friedrich der Weise war damit noch nicht einmal ein Rechtsbrecher. In der heiklen Religionsfrage standen alle Fürsten in geheimer Korrespondenz, und so hatte man stillschweigend vereinbart, dass die Achterklärung dem Land Sachsen nicht zugestellt würde, dort also auch nicht gültig war.

1526 hatte Karl in Sevilla Isabella von Portugal geheiratet, 1530 wurde er in Bologna von Clemens VII. zum Kaiser gekrönt. 1531 setzte er die Wahl seines Bruders Ferdinand I. zum König durch und übertrug die Regierung der Niederlande seiner Schwester Maria, der verwitweten Königin von Ungarn. Später (1555) erhielt sein Sohn Philipp die Regentschaft über die Niederlande.

1534 blieb ein Kriegszug gegen Sultan Suleiman, der 1529 bis vor Wien gekommen war, ohne Ergebnis; auch ein Feldzug nach Tunis konnte den Schiffsverkehr im Mittelmeer nicht sichern. Erst Karls illegitimer Sohn aus der Verbindung mit der Regensburger Bürgertochter Barbara Blomberg, Don Juan d'Austria, sollte 1571 die türkische Flotte bei Lepanto vernichtend schlagen.

Franz I. zog 1542 in seinen vierten Krieg gegen den Kaiser, diesmal im Bündnis mit dem Papst, dem Sultan und dem Herzog von Kleve. Karl unterwarf Kleve und bedrohte mit einem schnellen Feldzug Paris, doch es kam nicht zum Kampf, sondern zu weiteren Verhandlungen, die erst 1544 im Frieden von Crépy ihren Abschluss fanden. Franz I. verpflichtete sich hierin auch, Karl bei der Unterdrückung der Protestanten zu helfen. Auch der Papst wollte jetzt Mittel für den Ketzerkrieg zur Verfügung stellen und lud zum Konzil nach Trient, das bis 1563 tagte und dann die Gegenreformation auf den Weg brachte.

Rechts: In Nizza begegnen sich Karl V. und Franz I.

Karl war anfangs um eine friedliche Einigung mit den Protestanten bemüht und veranlasste mehrere Religionsgespräche. Doch die Fronten verhärteten sich zunehmend. 1531 vereinigten sich die Protestanten in einem geheimen Bündnis, dem Schmalkaldischen Bund. Viele deutsche Fürsten und auch die großen Reichsstädte waren dabei. Der Bund wurde zu einem europäischen Machtfaktor, bis er 1547 im Schmalkaldischen Krieg zerschlagen wurde.

1551 kam es dann zur Fürstenverschwörung, weil Karl, entgegen seinen Versprechungen bei der Wahl, die Erblichkeit der Kaiserkrone unter Bevorzugung seines Sohnes Philipp, also der spanischen Habsburger, durchsetzen wollte. Kurfürst Moritz von Sachsen unterwarf für Karl die oppositionellen Fürsten, verbündete sich jedoch später mit ihnen und rückte 1547 bis Innsbruck vor. Der Kaiser konnte sich nur durch Flucht retten. Markgraf Albrecht Alcibiades von Brandenburg setzte die Auseinandersetzung bis 1554 im Zweiten Markgräfler Krieg fort.

1555 brachte der Augsburger Religionsfrieden endlich eine Einigung: Katholiken und Lutheraner, nicht jedoch Reformierte, wurden als gleichberechtigt anerkannt. Der Landesfürst bestimmte die Religion seiner Untertanen nach dem Prinzip *cuius regio, eius religio*. Der Papst war an diesem Kompromiss nicht beteiligt, Karl V. ließ sich durch König Ferdinand I. vertreten.

»Die Fürsten werden das Kaisertum zerstören, dann wird die Demokratie über sie kommen und sie vernichten«, urteilte der erschöpfte und resignierte Kaiser prophetisch. Noch im selben Jahr (1556) lud er seine Familie und alle Großen des Reiches nach Brüssel und gab seine Abdankung bekannt. Gleichzeitig begann die Trennung des Hauses Habsburg in eine spanische und eine österreichische Linie. Karl zog sich in das spanische Kloster San Geronimo de Yuste zurück und starb wenig später.

> **MAJESTÄTISCHE TITEL**
> Zur Krone gehören Titel. Schon bei seiner Krönung zum König nahm Karl V. den Titel »Erwählter Römischer Kaiser« an. Das war aber noch lange nicht alles, es folgte »… immer Augustus, König von Spanien, Sizilien, Jerusalem, der Balearen, kanarischen und indianischen Inseln und des Festlandes jenseits des Ozeans, Erzherzog von Österreich, Herzog von Burgund, Brabant, Steiermark, Kärnten, Krain, Luxemburg, Limburg, Athen, Graf von Habsburg, Flandern, Tirol, Henneburg, Roussillon, Landgraf im Elsass, Fürst in Schwaben, Herr in Asien und Afrika …«

Karl V. war der letzte Repräsentant der universalen Kaiseridee des Mittelalters, die durch den Humanismus, die Reformation und die Entstehung von Nationalstaaten ihre Bedeutung verloren hatte. Auch wenn Karl dem Kaisertum noch einmal den weitesten Inhalt verlieh, so hat er doch ungewollt zur Auflösung des Reiches beigetragen. Aber er hatte die Weltmachtstellung des Hauses Habsburg gesichert und mit Spanien, das unter seinem Sohn Philipp II. große Teile der Neuen Welt erobern sollte, ein neues Imperium geschaffen.

> **DIE NEUE WELT**
> Die Humanisten waren von der Kugelgestalt der Erde überzeugt; der Nürnberger Martin Behaim hatte bereits 1491 den ersten Globus geschaffen. Auf der Suche nach dem westlichen Weg nach Indien entdeckte der Genuese Christoph Columbus 1492 Amerika, das er für Indien hielt und für die spanische Krone in Besitz nahm. Den Seeweg nach Indien um das Kap der Guten Hoffnung fand Vasco da Gama nur sechs Jahre später. Der Borgia-Papst Alexander VI. teilte 1493 als Schiedsrichter die Neue Welt in zwei Teile, die Spanien und Portugal zugesprochen wurden.

Ferdinand I.

* 10.3.1503 Alcalá de Henares/Spanien
* 1531 1558 † 25.7.1564
Eltern: Philipp I. von Burgund & Johanna von Kastilien-Aragon

Der jüngere Bruder Karls V. wurde in Spanien erzogen und war zunächst für die Regierung in Neapel und Sizilien vorgesehen. 1515 verlobte er sich mit Anna, der Schwester König Ludwigs von Ungarn und Böhmen. Seinen Bruder Karl V. lernte er erst 1516 kennen, als dieser nach Spanien kam, um dort die Thronfolge anzutreten. Ferdinand war beliebter als sein Bruder, deshalb schickte Karl V. ihn nach seinem Regierungsantritt in die Niederlande. 1521 trat ihm Karl V. die fünf niederösterreichischen Herzogtümer Ober und Unter der Enns, Kärnten, Steiermark und Krain ab, im nächsten Jahr dazu Vorderösterreich, Tirol sowie das seit kurzem unter Habsburger Verwaltung stehende Württemberg, die Ferdinand nun verantwortlich regierte. Bei Abwesenheit vertrat er später auch den Kaiser. Den Österreichern war die spanische Herrschaft zunächst verhasst. Soziale und religiöse Konflike führten zu mehreren Aufständen, die Ferdinand brutal unterdrücken ließ.

Im Südosten des Landes befanden sich die Osmanen weiter auf dem Vormarsch. Bei der verlustreichen Schlacht von Mohács ertrank 1526 König Ludwig II. auf der Flucht. Aufgrund des Erbvertrages, den Ferdinand mit seinem Schwiegervater bei der Heirat mit Anna geschlossen hatte, wurde er nun König von Ungarn und Böhmen. Ansprüche in Ungarn stellte allerdings auch der Fürst von Siebenbürgen, Johann Zápolya, der sich nun mit Sultan Suleiman verbündete. 1529 standen die Türken vor Wien, zogen sich jedoch nach einer langen Belagerung und hohen Verlusten auf beiden Seiten zurück. 1540 wurde das ungarische Ofen eine Provinz des osmanischen Reiches, 1547

FERDINAND I.

schloss Ferdinand einen Waffenstillstand mit Suleiman dem Prächtigen (1520–1566) gegen eine jährliche Zahlung von 30 000 Gulden – den größten Teil des Geldes stiftete der spanische König Philipp II.

1531 wurde Ferdinand zum deutschen König gewählt – ohne die Stimme des protestantischen Johann Friedrich von Sachsen. International ordnete er sich den Interessen seines Bruders unter. In Konflikt gerieten sie nur einmal, als Karl V. seinen Sohn Philipp zum nächsten Kaiser machen wollte. Karl V. plante eine spanisch-habsburgische Weltmacht, während Ferdinand sich eher als österreichischen Reichsfürsten sah. Selbstverständlich wollte er dem Haus Habsburg die Krone sichern, doch er dachte an die Einheit des Kaiserreiches im alten Verbund mit Italien. Ihm war auch bewusst, dass die Deutschen den Spanier Philipp nie zum König gewählt hätten.

Fast zwei Jahrhunderte lang eine ständige Bedrohung: Türkische Soldaten auf dem Vormarsch.

Während Ferdinand wieder gegen die Türken kämpfte, eroberte der protestantische Herzog Ulrich von Württemberg im Bündnis mit Philipp dem Großmütigen sein Land von den Habsburgern zurück. Im Frieden von Kaaden erhielt er es 1534 als österreichisches Lehen und erkannte Ferdinand als König an.

Ab 1551 sorgte die Fürstenverschwörung für neue Unruhe. Die türkische Gefahr im Rücken, musste Ferdinand Kompromisse mit Protestanten eingehen. Er hatte immer versucht, die Ausbreitung der Reformation zu verhindern, bemühte sich aber in späteren Jahren um ein zumindest friedliches Nebeneinander der Konfessionen in Deutschland. Seine Erblande bleiben jedoch katholisch, und durch die Berufung der Jesuiten leitete Ferdinand später die Gegenreformation ein.

Ferdinand verhandelte für Karl V. im Augsburger Religionsfrieden. Die spätere Kritik von Papst Paul IV., Ferdinand sei zu nachgiebig gewesen, ging an der Realität vorbei, denn die Mehrheit der Deutschen tendierte zum neuen Glauben. Der »geistliche Vorbehalt« sorgte wenigstens dafür, dass die mächtigen Bischöfe bei der Stange blieben, denn geistliche Fürsten, die zum Protestantismus übertraten, verloren ihr Amt und den Kirchenbesitz. Ferdinands Reformvorschläge auf dem Trientiner Konzil, zu denen unter anderem die Volkssprache im Gottesdienst und ein Verbot der Pfründenhäufung gehörten, wurden als zu liberal abgelehnt.

Ferdinand war der letzte König gewesen, der in Aachen gekrönt wurde; nun war er der erste, der nach dem Tod Karls V. 1558 nicht gekrönt, sondern feierlich zum Kaiser akklamiert wurde. 1562 wurde sein Sohn Maximilian zum König gewählt, musste sich aber dem Vater gegenüber verpflichten, dem katholischen Glauben treu zu bleiben.

Mit organisatorischem Talent ordnete Ferdinand das Finanzwesen und führte eine moderne Verwaltung durch Zentralbehörden ein. Er bestellte sogar Sittenkommissionen, da seiner Meinung nach die Moral stark nachgelassen hatte, auch strenge Kleiderordnungen wurden erlassen und ein Spitzelsystem überwachte die Bürger.

Als zweiter Sohn war Ferdinand eher unerwartet Kaiser geworden und stand lange im Schatten seines Bruders Karl V. Das von ihm mühselig ausgehandelte religions- und machtpolitische Gleichgewicht sicherte aber erst einmal den Zusammenhalt des Reiches.

Papst Paul III., Initiator des Konzils von Trient und Vordenker der Gegenreformation.

Maximilian II.

* 31.1.1527 Wien 👑 1562 👑 1562
† 12.10.1576 Regensburg

Eltern: Ferdinand I. & Anna von Böhmen und Ungarn

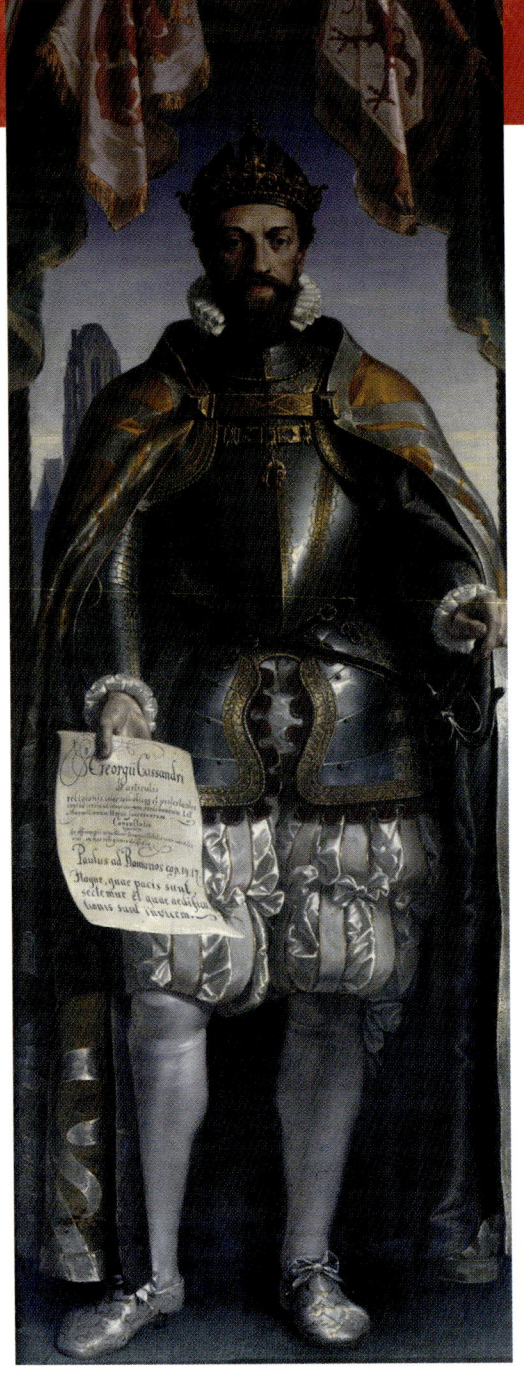

In Tirol aufgewachsen, sprach Maximilian sein Leben lang Dialekt. 1548 heiratete er in Valladolid seine Kusine Maria, eine Tochter Karls V., wurde Vizekönig von Spanien und im selben Jahr König von Böhmen. Der junge Erzherzog stand schon früh der protestantischen Lehre nahe und hatte sich während des Schmalkaldischen Krieges mit einigen protestantischen Fürsten angefreundet. Er weigerte sich auch, seine Kinder von Jesuiten erziehen zu lassen. Besorgt wandte sich Papst Paul IV. an den Vater. Maximilian musste vor seiner Wahl zum Kaiser seine Kirchentreue beschwören. Er wollte wohl auch nicht enterbt werden, zudem fand er keine wirkliche politische Unterstützung bei den Protestanten. 1562 wurde er in Frankfurt zum König und Kaiser gekrönt, 1563 kam die ungarische Krone hinzu. Beim Tod seines Vaters erbte er, wie in Ferdinands I. Testament vorgesehen, nur ein Drittel des Habsburger Besitzes: Böhmen, Ungarn, Ober- und Niederösterreich mit der Residenz in Wien – wo er sich trotz des Protestes seiner frommen Frau mit liberalen Ratgebern umgab.

1568 stellte er dem österreichischen Adel nach der Regelung des Augsburger Religionsfriedens die Ausübung des Bekenntnisses frei. Anders als seine Brüder in Österreich-Tirol und Innerösterreich gelang es ihm, die radikalen Vertreter der Gegenreformation fernzuhalten. Aber er machte auch Konzessionen in religiösen Fragen. Im Kampf gegen die Türken blieben Maximilian Erfolge versagt, der Frieden von Adrianopel bestätigte nur den jeweiligen Besitz. Seine Reformpläne und eine Militärverfassung scheiterten am Widerstand der Reichsstände.

MAXIMILIAN II.

Trotz politischer und religiöser Differenzen gab Maximilian 1570 dem spanischen König Philipp II. seine älteste Tochter Anna zur dritten Frau. Seine Tochter Elisabeth wurde mit Heinrich II. von Frankreich verheiratet und musste in Paris mit der Bartholomäusnacht 1572 eines der schrecklichsten Ereignisse im Religionskampf miterleben.

Im Gerangel um die polnische Krone – Ferdinand I. hatte zwei seiner Töchter nacheinander mit König Sigismund verheiratet – wurden 1573 nach dem Tod des Königs gleichzeitig Maximilian und Stephan Bartory zum König von Polen gewählt. Maximilian starb jedoch, bevor es zu einer Krise kam, der siebenbürgische Fürst wurde 1576 gekrönt.

Auf dem Sterbebett bekannte Maximilian sich zum Protestantismus. Er fühle sich als Christ, hatte der tolerante und gebildete Kaiser einmal erklärt. Wo es nur möglich war, hat er das fragile System des Religionsfriedens intakt gehalten.

Medaille mit dem Bildnis Maximilians II.

RUDOLF II.

* 18.7.1552 Wien    1575   1576   † 20.1.1612 Prag
Eltern: Maximilian II. & Maria von Spanien

Der musisch begabte und intelligente Erzherzog war in Spanien unter der Aufsicht seines Onkels König Philipp II. streng katholisch erzogen worden. Das steife spanische Hofzeremoniell und die Erinnerung an den mysteriösen Tod des spanischen Thronfolgers Don Carlos haben sein ganzes Leben geprägt. 1572 wurde Rudolf König von Ungarn, 1575 König von Böhmen. Als er, 1576 Kaiser geworden, die Regierung des Reiches übernahm, verlegte er den Regierungssitz von Wien nach Prag.

Rudolf bekämpfte die Reformation nicht so konsequent und weniger erfolgreich als seine Brüder in ihren österreichischen Ländern. Doch seine starre Haltung verhärtete die Fronten: Die Niederlande gingen verloren. Dann erhob sich 1604 der protestantische ungarische, vor allem siebenbürgische Adel unter dem Calvinisten Stephan Bocskay und verbündete sich mit den Türken. Seit 1606 vereinten sich mit Christian von Anhalt acht protestantische deutsche Fürsten in der »Union«, was zu längeren kriegerischen Auseinandersetzungen führte. Der Ausbruch eines Religionskrieges wurde nur durch den Tod Heinrichs IV. von Frankreich, der die protestantische Sache unterstützt hatte, aufgeschoben. Um wenigstens an einer Front Frieden zu haben, schloss Rudolf mit Mohammed III. 1606 einen Waffenstillstand.

Rudolf und sein jüngerer Bruder Matthias hatten sich noch nie gut verstanden – es gärte schon seit einiger Zeit in der

Familie. Matthias hatte, allerdings ohne Erfolg, gegen die aufständischen Ungarn gekämpft. Nun berief er 1606 einen Reichstag in Pressburg ein und verbündete sich mit den protestantischen Ständen Ungarns gegen seinen Bruder. Es kam zwar nicht zum Bruderkrieg, aber Rudolf musste 1608 im Vertrag von Lieben auf Ungarn, Mähren und Österreich verzichten. Da sich die protestantischen Stände Böhmens bei der Auseinandersetzung auf seine Seite gestellt hatten, war Rudolf gezwungen, ihnen 1609 mit dem Böhmischen Majestätsbrief mehr Rechte und Religionsfreiheit zu gewähren. Beide Brüder rüsteten weiter auf, Matthias zog bis vor Prag und erzwang 1611 seine Krönung zum böhmischen König.

Rudolf besaß noch den Kaisertitel, aber er zog sich müde und verletzt auf den Hradschin zurück, wo er sich in die okkulten Künste versenkte. Mit Leidenschaft sammelte er Kunst und Kuriositäten und verbrachte die Tage in seiner mit Bildern, Juwelen, Uhren und Automaten vollgestopften Kunst- und Wunderkammer. Er züchtete Blumen und studierte die Sterne, zu seinen engen Vertrauten gehörten die Astronomen Rudolf Kepler und Tycho Brahe, der ihm die »Rudolfinischen Tafeln« widmete, auf denen unsere moderne Astronomie beruht. Mit seiner Geliebten, einem Zwinger mit Löwen und Adlern und umgeben von obskuren Dienern als grauen Eminenzen lebte Rudolf wie ein finsterer Schatten in einer anderen Welt. Immerhin war er klug genug, einen dubiosen Goldmacher, der den erwünschten Reichtum doch nicht produzieren konnte, ins Gefängnis zu stecken. 18 Jahre lang war Rudolf mit der spanischen Infantin verlobt und hatte die Heirat immer wieder aufgeschoben. Als Isabella dann seinen Bruder Albrecht heiratete, soll er einen Wutanfall bekommen haben.

War Rudolf geisteskrank und depressiv oder war er nur schuldig durch Tatenlosigkeit, wie es der österreichische Dichter Franz Grillparzer in seinem grandiosen Drama »Ein Bruderzwist in Habsburg« anklingen lässt? Seine Gestalt beunruhigt und fasziniert noch heute.

Rudolf II., »wie ein finsterer Schatten in einer anderen Welt«.

MATTHIAS

* 24.2.1557 Wien  1612 † 20.3.1619 Wien
Eltern: Maximilian II. & Maria von Spanien

Anders als seine älteren Brüder hatte Matthias seine Jugend nicht am strengen spanischen Hof, sondern mit seinen vielen anderen Geschwistern in Wien verbracht. Das Testament Maximilians II. sah vor, dass der Kaiser seinen Brüdern, die geringere Einkommen hatten, jährlich 40 000 Gulden zahlen müsse. Rudolf war jedoch ständig knapp bei Kasse und im Verzug mit den Zahlungen. Als Ausgleich übertrug er Ernst die Statthalterschaft in Ober- und Niederösterreich, Maximilian die von Tirol, Albrecht wurde Regent der Niederlande. Nur Matthias ging leer aus. Heimlich verließ er 1577 Wien und ließ sich von einigen Niederländern, die gegen die spanische Herrschaft opponierten, zum Statthalter ernennen – eine kurze Eskapade, die ihm nichts als Ärger, den Niederländern aber wenig später die Unabhängigkeit brachte.

Matthias war mittelmäßig und unsicher, vor allem hasste er seinen älteren Bruder Rudolf. Als er 1593 die Statthalterschaft für Ober- und Niederösterreich erhielt, wurde er dort zum Streiter für die Gegenreformation. In Melchior Klesl fand er einen Berater, der die Geschicke des Hauses Habsburg fest in die Hand nahm. Mit Klesls Hilfe entmachtete er Rudolf, wurde 1608 König von Ungarn und 1611 König von Böhmen. Nach Rudolfs Tod wurde er sowohl mangels einer besseren Alternative als auch durch das diplomatische Geschick Klesls zum Kaiser gewählt; Wien wurde wieder Regierungszentrum. Nach der Krönung überließ Matthias seinem Kanzler fast gänzlich die Regierungsgeschäfte.

1609 hatte Maximilian von Bayern die Liga gegründet, das katholische Gegenstück zur protestantischen Union. Da es auch in Ungarn wieder kriselte, wurde der Waffenstillstandsvertrag mit den Türken verlängert. Matthias' kinderlose Ehe mit Anna von Österreich-Tirol sorgte für eine Nachfolgediskussion – man erwog sogar einen Wechsel der Dynastie. Die böhmischen Protestanten sahen ihre in Rudolfs Majestätsbrief garantierten Rechte verletzt, der katholische Adel war unzufrieden mit der Politik Klesls. Überall gab es Unruhen – und dann kam es zum Streit mit dem kaiserlichen Statthalter auf dem Hradschin. Er führte 1618 zum zweiten Prager Fenstersturz. Die herausgeworfenen Adligen landeten zwar durch Zufall weich in einem Misthaufen, doch der Unfrieden blieb; die Jesuiten und der Prager Erzbischof wurden vertrieben. Matthias und Klesl wurden unsicher und wollten verhandeln, doch nun kam es zum Böhmischen Aufstand, aus dem sich ein langer Krieg entwickelte, der Dreißigjährige Krieg, der ganz Europa erschüttern und weitgehend zerstören sollte.

Unterstützt vom spanischen Gesandten, übernahm Ferdinand II. die Regierung; der Kaiser hatte ihm 1617 das Königtum von Böhmen übertragen. Matthias' Frau Anna hatte mittlerweile die Kapuziner nach Wien geholt. Matthias wurde als erster in der Gruft der von ihr gestifteten Kirche begraben, in der von nun an alle Habsburger Kaiser ihre letzte Ruhestätte finden sollten.

Der Fenstersturz zu Prag –
Auftakt zum Dreißigjährigen Krieg.

FERDINAND II.

* 9.7.1578 Graz 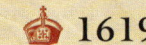 1619 † 15.2.1637
Eltern: Erzherzog Karl II. von Innerösterreich & Maria Anna von Bayern

er Enkel Kaiser Ferdinands I. war in Ingolstadt bei den Jesuiten erzogen worden und übernahm 1595 die Regierung in den Ländern seines Vaters. Beharrlich und persönlich fromm, verfolgte er die Ziele der Gegenreformation, wie er es dem Papst auf einer Wallfahrt nach Rom versprochen hatte. Trotz seiner radikal katholischen Politik wurde er 1617 zum König von Böhmen gewählt, 1618 auch von Ungarn. Zuvor hatte man die Habsburger Erbfragen regeln müssen, da der spanische König Philipp ebenfalls Rechte anmeldete. Im Bruderzwist bezog Ferdinand wechselnde Positionen. Nach der Absetzung Rudolfs II. schlug er sich jedoch in der Hoffnung auf eine spätere Thronanwartschaft schnell auf die Seite von Matthias. Klesl verhandelte 1618 bereits über die Kaiserwahl, als die Welt vom Prager Fenstersturz überrascht wurde. Wien wurde belagert, aber Ferdinand reiste unbeirrt nach Frankfurt und wurde tatsächlich 1619 gewählt. Die Unruhen in Böhmen dauerten an; Ferdinand wurde als böhmischer König abgesetzt und an seiner Stelle der protestantische Kurfürst Friedrich V. von der Pfalz, »der Winterkönig«, gewählt.

Die Gegner Habsburgs und des Katholizismus formierten sich, aber auch die katholische Liga lebte wieder auf. Ihr Feldherr Tilly (1559–1632) besiegte Friedrich von der Pfalz 1620 in der Schlacht am Weißen Berg. Friedrich musste fliehen, wurde 1621 geächtet und musste auf seinen gesamten Besitz verzichten.

Böhmen wurde bis 1627 unterworfen und drakonisch rekatholisiert. Der zwar gutmütige, aber sture Ferdinand soll sogar den Majestätsbrief Rudolfs II. eigenhändig zerrissen haben.

Der Dreißigjährige Krieg zog immer weitere Kreise. Christian von Dänemark trat auf protestantischer Seite in den Krieg ein, Ferdinand gewann den reichen Feldherrn Albrecht von Wallenstein (1583–1634) für Habsburg. 1630 landete der schwedische König Gustav Adolf in Pommern, um den Protestanten beizustehen. Schlachten und Zerstörungen nahmen kein Ende. Das Jahr 1632 hätte eine Entscheidung bringen können, denn Gustav Adolf fiel in der Schlacht bei Lützen; Wallenstein, der eigene Pläne verfolgt hatte, wurde abgesetzt und in Eger ermordet. Es gab keine Sieger, nur Verlierer.

Schlachten und Zerstörungen: Tillys Soldaten erstürmen Magdeburg.

Wallenstein auf seiner Seite zu haben war sicher ein Verdienst Ferdinands; dass er ihn aber nicht nur zum Herzog von Friedland erhöhte und mit Mecklenburg belehnte, sondern ihn zum General der beiden nordischen Meere machte und von einer riesigen Flotte träumte, grenzte schon an Größenwahn. Eindeutig ein Fehler war jedoch das Restitutionsedikt, nach dem protestantischer oder säkularisierter Kirchenbesitz den Katholiken zurückgegeben werden sollte. Trotzdem kam es in Pirna und Prag 1635 zu Friedensverhandlungen. Doch nun trat Frankreich in den Krieg ein; aus dem ursprünglich religiösen Krieg wurde ein politischer, denn Frankreich wollte Habsburg im Reich wie in Spanien unterwerfen.

Zwei Monate, nachdem sein Sohn zum Kaiser gewählt wurde, starb Ferdinand. Privat soll er ein glücklicher Mensch gewesen sein, erst mit Anna Maria

FERDINAND II.

König Gustav Adolf von Schweden.

Die Ermordung Wallensteins in der »Mordnacht von Eger«.

von Bayern, dann mit Eleonora Gonzaga verheiratet, ein Liebhaber der Musik und der Jagd.

Auch wenn Ferdinand den Dreißigjährigen Krieg nicht beenden konnte, so sicherte er doch die Macht seines Hauses, indem er die Unteilbarkeit der habsburgischen Erblande festlegte.

FERDINAND III.

* 13.7.1608 Graz 👑 1636 ⛪ 1637 † 2.4.1657 Wien
Eltern: Ferdinand II. & Maria Anna von Bayern

Mit 18 Jahren wurde Ferdinand König von Ungarn, zwei Jahre später König von Böhmen. Er hatte ein schweres Erbe übernommen. Die Hoffnung, dass der Friede von Prag den Dreißigjährigen Krieg beenden würde, war trügerisch gewesen – es wurde überall weitergekämpft.

Nachdem die Franzosen in die spanischen Niederlande einmarschiert waren, schloss man 1643 einen Waffenstillstand mit Schweden. 1644 begannen die Friedensverhandlungen in Münster und Osnabrück, aber 1645 standen die Schweden wieder an der Donau, 1646 in Bayern und Vorarlberg. Prag wurde 1648 noch belagert, als die Nachricht vom Waffenstillstand eintraf. Als Vermittler zwischen den feindlichen Parteien hatten der päpstliche Gesandte Fabio Chigi und der Venezianer Contarini verhandelt.

Der Frieden brachte einschneidende territoriale Veränderungen und damit ganz neue Machtverhältnisse. Das Reich war nur noch ein lockerer Bund verschiedener Staaten, die jedoch noch weitgehend auf Lehnsrecht beruhten, mit einem Kaiser ohne viel Macht an der Spitze. Auch Rom gehörte zu den Verlierern. Da den Protestanten freie Religionsausübung und mehr Rechte zugesagt worden waren, erklärte Papst Innozenz X. den Westfälischen Frieden für nichtig, ohne dass dies irgendwelche Folgen gezeitigt hätte.

Alltag im Dreißigjährigen Krieg: Ein Dorf wird besetzt.

Feierliche Beschwörung des Westfälischen Friedens, der die Machtverhältnisse in Europa vollständig veränderte.

Ferdinand, wie alle anderen Fürsten, behielt die Hoheit über seine Länder und auch den Kaisertitel, die Reichskanzlei aber kam nach Mainz, der Reichstag nach Regensburg. Er sollte eigentlich schon sechs Monate nach dem Friedensschluss tagen, um offene Fragen zu regeln, die erste Sitzung fand aber erst 1652 statt. Ferdinand kam nach Regensburg, wo man zu seinen Ehren einen prächtigen Triumphbogen errichtet hatte. Große Entscheidungsbefugnisse hatte der Kaiser nicht mehr, doch er wollte zumindest die ihm gebliebene Macht festigen. Es gelang ihm auch, seinen Sohn einstimmig zum König wählen zu lassen, doch der junge Ferdinand IV. starb im nächsten Jahr an den Blattern.

FERDINAND III.

Ferdinand, der seine Tochter Anna mit Philipp IV. verheiratet hatte, stand der spanischen Partei nahe. Er war erst nach dem militärischen Zusammenbruch Spaniens zu Friedensgesprächen bereit gewesen. Ein alter Gegner Wallensteins, wurde Ferdinand nach dessen Tod Oberbefehlshaber der Truppen. Dass die schwedischen Soldaten 1648 nach dem Frieden schnell abzogen, war sein Verdienst.

In Österreich begann nun, wie in den anderen Teilen des Reichs, die eigenstaatliche Entwicklung. Ferdinand zog sich von der Tagespolitik zurück, die Staatsgeschäfte hatte er schon länger seinem Kanzler Graf von Trautmannsdorf überlassen. Ohnehin vertraute er der Gottesmutter Maria mehr als seinen Generälen; obwohl von den Jesuiten erzogen, war er auch seinen geistlichen Ratgebern gegenüber immer skeptisch.

Seine erste Frau Maria Anna, Tochter Philipps III. von Spanien, war erst nach einer lebensgefährlichen Reise durch die Kriegsländer 1631 nach Wien gekommen. Die zweite Ehe mit Maria Leopoldina von Österreich-Tirol währte nur kurz; als dritte Frau kam Eleonore Gonzaga aus Mantua, das in einem anderen Erbfolgestreit bald an Österreich fallen sollte.

> POSTKUTSCHE
> Der aufblühende Handel brauchte schnelle und sichere Informationswege. Kaiser Maximilian I. machte Franz von Taxis, der eine Verbindung zwischen Paris, Wien und Brüssel aufgebaut hatte, zum niederländischen Generalpostmeister. Karl V. verlieh 1518 Johann Baptista von Taxis das Postmonopol, Leonhard von Taxis baute den Postweg über Speyer und Tirol nach Italien aus. Die Post wurde in Deutschland dann auch für den Personenverkehr zuständig. Während der Regierungszeit Ferdinands III. in den erblichen Adelsstand erhoben, nannte die Familie sich seit 1650 Thurn und Taxis. Ihr Postmonopol war ein erbliches Lehen, weswegen es bis ins 19. Jahrhundert immer wieder Streit mit den auf Unabhängigkeit bedachten deutschen Landesfürsten gab.
>
>
>
> Das Postwesen wurde nach mehreren Postvereinstagen bis 1867 und dann nach 1871 im Deutschen Reich neu geordnet.

LEOPOLD I.

* 9.6.1640  1658 † 5.7.1705 Wien
Eltern: Ferdinand III. & Maria Anna von Spanien

Ursprünglich auf den geistlichen Stand hin und ganz unmilitärisch erzogen, wurde das fünfte Kind Kaiser Ferdinands III. nach dem frühen Tod seines älteren Bruders 1655 ungarischer, 1656 böhmischer König, und, nach einem einjährigen Interregnum, 1658 Kaiser.

Die Wahl gestaltete sich zu einem langen Feilschen, denn eigentlich wollte man nicht wieder einen Habsburger, doch den Kurfürsten von Bayern oder gar, wie von Kardinal Mazarin vorgeschlagen, Ludwig XIV. von Frankreich wollten die Kurfürsten noch weniger. Leopold musste jedoch schwören, die spanischen Habsburger nicht im Krieg gegen Frankreich zu unterstützen. Zur zusätzlichen Absicherung verbündeten sich die mächtigen geistlichen und weltlichen Fürsten Deutschlands im Rheinbund, dem auch Ludwig XIV. beitrat, weil er sich ebenso vor Habsburg schützen wollte.

Die Jesuiten sorgten mit ihren Bekehrungsversuchen auch beim Adel für Unruhe – immerhin gelang es ihnen, einige Fürsten zum katholischen Glauben zurückzubringen, wie später Kurfürst August von Sachsen, der die polnische Königskrone erstrebte. Doch Leopold hielt sich korrekt an den Osnabrücker Religionsfrieden. Durch geschicktes Taktieren, getreu seiner Devise *consilio et industria,* klug und beharrlich, gelang es ihm, die Anerkennung der Stände zu gewinnen. Den Reichstag machte er zu einer permanenten Einrichtung. Bei der Besetzung der Bistümer dachte er natürlich an seine Familie, schuf sich aber auch neue Verbündete, indem er Titel und Rang gezielt als politisches Instrument einsetzte. Gleichzeitig bemühte er sich aber

LEOPOLD I.

Einzug zur Krönung: Leopold I. mit großem Gefolge.

um ein Gleichgewicht unter den mächtig gewordenen deutschen Fürsten, auch wenn er nur selten in Deutschland weilte.

1666 hatte er die Infantin Margaretha Theresia geheiratet – bei ihrer begehrten älteren Schwester war ihm Ludwig XIV. zuvorgekommen –, 1673 Claudia Felicitas von Österreich-Tirol, und 1676 dann Eleonore von Pfalz-Neuburg, die mit zwei Söhnen endlich für eine dynastische Absicherung sorgte.

Im schwedisch-polnischen Erbfolgekrieg hatten die Schweden Polen schon bis Krakau erobert. Mit Schweden und dann mit Preußens Großem Kurfürsten verbündet, drangen die kaiserlichen Truppen bis an die Ostsee vor. Der Frieden von Oliva 1660 änderte nicht viel am Besitzstand, aber Frankreich hatte eine Vorrangstellung in Europa erreicht, und auch Preußen hatte an Souveränität gewonnen. Als Leopold dann aber in Ungarn mit absolutistischer und gegenreformatorischer Politik den Thron für Habsburg sichern wollte, provozierte er 1663 einen neuen Einfall der Türken. Sie wurden zurückgeschlagen und ein Waffenstillstand geschlossen, doch nun drohte aus Frankreich neue Gefahr: Ludwig XIV. war in die spanischen Niederlande eingefallen. Die deutschen Fürsten verweigerten dem Kaiser die Unterstützung,

> **GUTEN APPETIT!**
> Wenn man heute im Museum die alten Tafelaufsätze, kunstvoll aus Gold und Silber, Elfenbein und Bergkristall gefertigt, bewundert, darf man sich die Tischsitten nicht auf gleicher Höhe vorstellen. Man aß meist aus gemeinsamen Schüsseln, als Teller diente allenfalls eine große Scheibe Brot. Auch Gläser wurden gemeinsam benutzt. Ein Messer aus Eisen besaß zwar fast jeder und brachte es auch bei Einladungen mit, Löffel bürgerten sich jedoch erst im 16. Jahrhundert ein. Sie waren meist aus Holz, mit einem Griff aus Metall. Gabeln verbreiteten sich später, wohl über Venedig, wurden aber zunächst von den Kanzeln herab als teuflischer Luxus verdammt und erst Mitte des 18. Jahrhunderts allgemein üblich. Der französische König Ludwig XIV. wurde ausdrücklich gelobt, weil er Geflügelragout so gut mit den Fingern essen konnte. Bei einem Gala-Diner verbot er den burgundischen Fürsten den Gebrauch der Gabel. Liselotte von der Pfalz berichtete stolz, dass sie zum Essen immer nur ihr Messer und ihre Finger benutzte. Dafür gab es aber am Hof reichlich Servietten und Becken, in denen man sich die Hände waschen konnte.

Ludwig XIV. von Frankreich, der »Sonnenkönig«.

da sie den Krieg als Privatfehde der Familien Habsburg und Bourbon betrachteten. Die beiden fast gleich alten Fürsten, die um die spanische Thronfolge stritten, waren Vettern und Schwäger. Seit 1672 wechselten Kriege, Koalitionen und Verhandlungen einander ab. Ludwigs Reunionskriege brachten die deutschen Fürsten wieder auf die Seite Leopolds, auch der Papst und die italienischen Staaten unterstützten ihn. Um den Frieden zu erhalten, wurde 1679 Burgund an Frankreich abgetreten. Im Frieden von Rijkswijk, der 1697 den Pfälzischen Krieg beendete, verlor Frankreich alle Eroberungen bis auf das Elsass.

Die Kampfpause war kurz: Nachdem durch den Tod Karls II. die spanische Linie der Habsburger ausgestorben war, meldete nicht nur Ludwig XIV., sondern auch Leopolds Enkel und der entfernt verwandte bayerische Kurfürst Ansprüche an. Als sich der Bourbone Philipp V. zum spanischen König erklärte, kam es zum Spanischen Erbfolgekrieg. Um die Unterstützung Preußens zu gewinnen, erhob Leopold gegen den Rat aller den Brandenburger Kurfürsten Friedrich III. zum König in Preußen. So gewann er eine große protestantische Koalition. Die Kämpfe zogen sich von Italien über Frankreich und die Niederlande bis in die Neue Welt. 1701 besiegte Prinz Eugen die Franzosen in Italien, das Jahr 1704 brachte mit der Schlacht von Höchstädt und Blindheim die Entscheidung. Eugen und der englische Herzog von Marlborough schlugen Frankreich und das verbündete Kurbayern, 1705 eroberten die Engländer Gibraltar.

Leopold hatte sein ganzes Leben lang einen Zweifrontenkrieg zu führen. 1682 stand Mehmed IV. vor Belgrad, 1683 der Großwesir Kara Mustafa vor Wien. Der kaiserliche Hof floh nach Passau. Hier traf Leopold den »edlen Ritter« Eugen von Savoyen, dessen Bruder gerade im Kampf gegen die Osmanen gefallen war, und der, enttäuscht von Ludwig XIV., in habsburgische Dienste treten wollte. Der Sohn Prinz Eugens, Moritz von Savoyen-Soissons, und Mazarins Nichte, Olimpia Mancini, waren gleich beim Entsatz

LEOPOLD I.

Wiens dabei. Hier fiel Eugens militärisches Genie den Heerführern, dem Herzog von Lothringen und dem Markgrafen von Baden, auf. Mit seiner Hilfe wurde 1686 Buda zurückerobert. Eugens Sieg bei Zenta 1697 führte zum Frieden von Karlowitz, 1699 kam Ungarn wieder zu Österreich. Der kunstliebende Prinz begann in Wien sein prächtige Schloss Belvedere zu bauen.

Unerwartet ging Österreich territorial vergrößert aus den Kriegen hervor und war eine Großmacht im Südosten Europas geworden. Der Krieg dauerte noch an, als Leopold starb. Er war 47 Jahre lang an der Macht gewesen, die längste Regierungszeit eines deutsch-römischen Kaisers.

Die Belagerung von Wien durch türkische Truppen.

JOSEPH I.

* 26.7.1678 Wien  **1690** 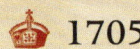 **1705** **† 17.4.1711**

Eltern: Leopold I. & Eleonora Magdalena von Pfalz-Neuburg

Da Frankfurt vom Krieg bedroht war, musste der nächste Kaiser in Augsburg gewählt und gekrönt werden. Der aufgeklärt erzogene und selbstbewusste Joseph war schon mit neun Jahren zum König von Ungarn gekrönt worden, nun beteiligte ihn sein Vater – wenn auch mit viel Misstrauen – an den Regierungsgeschäften.

Gleich nach seinem Regierungsantritt 1705 musste Joseph einen Aufstand der ungarischen Stände niederschlagen, dann kam es nach dem Sendlinger Bauernaufstand zum Krieg im zuvor von Joseph besetzten Bayern. Im Nordischen Krieg, den König Karl XII. von Schweden begonnen hatte, war Joseph allerdings zu Kompromissen gezwungen, um die Schweden nicht an die Seite Frankreichs zu treiben.

Nach dem Sieg von Höchstädt und Blindheim wollte Joseph den Krieg gegen Frankreich zu einem erfolgreichen Ende bringen und ernannte Prinz Eugen von Savoyen 1703 zum Präsidenten des Hofkriegsrats. Seine erste eigene Regierungshandlung war dann die Verhängung der Reichsacht über den mit Frankreich verbündeten Wittelsbacher Kurfürsten Max Emanuel von Bayern und dessen Bruder, den Kölner Erzbischof Joseph Clemens.

Eugens Sieg bei Zenta führte 1699 zum Frieden von Karlowitz. 1699 kam Ungarn wieder zu Österreich. Philipp von Anjou residierte in Madrid als spanischer König, der von Habsburg zum Gegenkönig ausgerufene Karl, Josephs jüngerer Bruder, versuchte seine Position von Barcelona aus zu halten. Als der spanisch-französische Krieg nach Italien übergriff, schaltete sich Papst

Clemens XI. ein, der den französischen Kandidaten favorisiert hatte. Als der Papst dem Kaiser mit dem Bann drohte, warnte ihn Joseph, dass er dann Rom besetzen werde – mit seinen Truppen, zu denen viele preußische Ketzer gehörten. Der Papst lenkte ein, erkannte Karl an und belehnte Habsburg zudem mit Neapel und Sizilien. 1708 besiegten Marlborough und Eugen Frankreich in der Schlacht von Oudenaarde, 1709 folgte ein, allerdings verlustreicher, Sieg bei Cambrai. Frankreich war am Ende seiner Kräfte. Durch den Wechsel in der englischen Politik wandte sich nun jedoch die europäische Politik gegen Habsburg. Bevor man mit Frankreich Friedensverhandlungen aufnehmen konnte, starb Joseph an den Blattern.

Joseph war tolerant und unbürokratisch, klug, aber sprunghaft. In Österreich sanierte er die Finanzen, auch die Gründung der Wiener Stadtbank 1706 war ein Erfolg. Die mächtigen Fürsten des Reiches standen seiner Politik kritisch gegenüber, Kaiser und Reich wurde immer mehr zu Gegensätzen. 1708 machte Joseph die Welfen von Hannover zu Kurfürsten, er selbst hatte Amalie Wilhelmine von Braunschweig-Lüneburg geheiratet, die allerdings zum Katholizismus übertreten musste. Ihr gemeinsamer Sohn starb früh, die beiden Töchter wurden mit Friedrich August II. von Sachsen und mit Karl Albrecht von Bayern verheiratet.

ACHT UND BANN

Acht kommt aus dem althochdeutschen *echt*, was damals das höchste Gesetz und alles Herrschende bedeutete. Wer unter die Acht fiel, also »geächtet« wurde, war aus der Rechtsordnung ausgestoßen. Das altdeutsche Strafrecht kannte keine Lebensstrafe, sondern nur die Acht als Aufkündigung des Friedensvertrages. Das Recht zu ächten lag bei den Königen und deren Gerichten; nach der Einrichtung des Reichskammergerichtes sprach dieses oft die Acht aus. Wenn der Angeklagte nach dreimaliger Vorladung nicht vor Gericht erschien, traf ihn die Unteracht – sein Vermögen wurde eingezogen und bei Strafe durfte ihn niemand unterstützen oder aufnehmen. Die Oberacht wurde meist vom König ausgesprochen und bedeutete, dass der Geächtete vogelfrei und völlig rechtlos was. Die Reichsacht erstreckte sich über das ganze Land. Die letzte Acht wurde 1706 gegen Kurfürst Max II. Emanuel und dessen Bruder, den Kölner Kurfürsten, ausgesprochen. Achtserklärungen gegen Bürger waren schon damals nicht mehr üblich. Der *Bann* war ursprünglich ein jüdisches Gelübde und taucht dann im Neuen Testament als eine Art Kirchenstrafe auf. Die frühen Christen übernahmen den Bann als Mittel der Erziehung. Mit der steigenden Macht der Kirche wurde der Bann zur Strafe und furchtbaren Waffe im Machtkampf zwischen Papst und Fürsten. Der Gebannte wurde von der kirchlichen Gemeinschaft ausgeschlossen, der Umgang mit ihm war wie bei der Acht strafbar. Der Aufhebung des Banns musste eine Kirchenbuße vorausgehen.

Karl VI.

* 1.10.1685 Wien  1711 † 20.10.1740 Wien
Eltern: Leopold I. & Eleonora Magdalena zu Pfalz-Neuburg

er jüngere Bruder Josefs I. war nach der Familientradition zum Geistlichen bestimmt worden, wurde aber 1703 nach Spanien geschickt, um dort den Thron zu übernehmen, der allerdings auch von dem Bourbonenprinzen Philipp V. beansprucht wurde. 1706 zum König von Spanien gewählt, heiratete er in Barcelona Elisabeth Christine von Braunschweig-Wolfenbüttel, die zuvor unter Tränen konvertieren musste. Der lange und verlustreiche Spanische Erbfolgekrieg zwischen dem Reich und Frankreich führte schließlich zur Niederlage Frankreichs. Den Thron bestieg dann aber doch der Bourbone Philipp V., denn nach dem frühen Tod seines Bruders musste Karl 1711 nach Wien zurückkehren, um die Regierung in Österreich zu übernehmen. Noch auf seiner Rückreise im Dezember wurde er einstimmig zum Kaiser gewählt. Bei der Wahl war Prinz Eugens Talent für Hintergrunddiplomatie im Spiel gewesen, denn Frankreich unterstützte den protestantischen König von Preußen.

Im Frieden von Utrecht, der den Spanischen Erbfolgekrieg beendete, verzichtete Karl 1713 auf die spanische Krone, aber im anschließenden Frieden von Baden gewann er Mailand, Neapel, Sizilien, Sardinien und die spanischen Niederlande, im folgenden Frieden von Rastatt noch Teile der Toskana hinzu. Aber auch Bündnispartner England war ein Gewinner, da es Gibraltar und Teile Nordamerikas erhielt.

Karl war damit nicht ganz zufrieden, doch die leeren Kassen und ein drohender Angriff der Türken zwangen ihn zur Zustimmung. Die spanischen Niederlande blieben ein ungelöstes Problem, und eine neue Partnerschaft mit England zeichnete sich erst ab, nachdem Georg I. von Hannover in London den Thron bestiegen hatte.

Inzwischen hatten die Türken Venedig besiegt und den Peloponnes erobert. Nun erklärten sie Österreich den Krieg, aber 1716 gelang Prinz Eugen in Peterwardein wieder ein glanzvoller Sieg, 1717 eroberte er Belgrad zurück. Im Frieden von Passarowitz gewann Habsburg die Walachei, Nordserbien und das Banat. 1723 wurde Karl zum König von Böhmen gekrönt, nachdem er schon 1712 König von Ungarn geworden war.

Alle Kuren und Wallfahrten hatten nicht geholfen – Karl wurde kein Sohn geboren. Schon nach dem Frieden von Utrecht hatte er daher nach einer geheimen Konferenz die »Pragmatische Sanktion« verkündet, die eine Aufteilung der habsburgischen Erblande ausschloss und eine weibliche Thronfolge vorsah. Als seine Schwester Maria Josefa den sächsischen Kurfürsten Friedrich August II. und Amalia Maria den bayerischen Kurfürsten Karl Albrecht heiratete, mussten sie auf ihr Erbrecht verzichten – was ihre Männer später nicht anerkannten. Großbritannien und Preußen stimmten zwar 1731 der Pragmatischen Sanktion zu, Karl musste sich jedoch verpflichten, seine Tochter mit keinem Erben eines der großen Herrscherhäuser zu verheiraten. 1732 erkannte der Reichstag die Sanktion an.

Neue Machtverhältnisse prägten die europäische Szene. Gegen den Kaiser im Bündnis mit Russland, Spanien und Preußen standen Großbritannien, Frankreich und die skandinavischen Staaten. Nach dem Tod König Augusts II. von Polen unterstützte Ludwig XV. seinen Schwiegersohn, Stanislaus Lesczynski, wogegen sich Österreich und Russland auf die Seite Augusts von Sachsen stellten. Stanislaus wurde, kaum gewählt, von sächsischen und russischen Truppen vertrieben. Gezwungermaßen wählte der polnische Landtag nun August, doch Frankreich und die bayerischen Wittelsbacher erklärten den Krieg, zumal Ludwig XV. auch nicht mit der Heirat Maria Theresias mit Franz von Lothringen einverstanden war. Im Polnischen Erbfolgekrieg verlor Habsburg die Lombardei, Neapel und Sizilien. Schließlich blieb August III. König von Polen und akzeptierte die Pragmatische Sanktion. Die Hochzeit der Kaisertochter Maria Theresia konnte stattfinden.

Leere Kassen und drohender Krieg:
Karl VI. und Graf Althaun, der dem Kaiser
eine Inventarliste überreicht.

Als Gegner Habsburgs lagen Preußen und Bayern weiter auf der Lauer. Prinz Eugen, der inzwischen gestorben war, hatte dem Kaiser den Rat gegeben, Maria Theresia mit dem Kurprinzen von Bayern zu verheiraten, womit die Politik sicher eine ganz andere Richtung genommen hätte. Nach dem Tod Prinz Eugens griffen die Türken wieder an, 1739 ging für Habsburg viel von dem verloren, was man erst vor kurzem gewonnen hatte.

Von einem Jagdausflug kam der Kaiser mit einer Magenverstimmung zurück, er hatte wohl verdorbene Pilze gegessen – jene berühmte *plat de champignons,* von der der spöttische französische Aufklärer Voltaire behauptete, dass sie die Geschichte Europas verändert habe. Als der Kaiser daraufhin starb, stand die neue Krise vor der Tür. Wien jedoch war trotz leerer Staatskassen aufgeblüht. Der Hof zelebrierte sein steifes Zeremoniell, musizierte und feierte aufwendige Feste. Es war die Hochblüte des Barock, prächtige neue Adelspaläste entstanden und der große Architekt Fischer von Erlach baute Hofbibliothek und Karlskirche zum Ruhm des Hauses Habsburg.

Karl VI. in allegorischer Darstellung als Förderer der Künste.

Karl VII. Albrecht

* 6.8.1697 Brüssel  1742 † 20.1.1745 München
Eltern: Kurfürst Max Emanuel von Bayern & Therese von Polen

Seine Kindheit verbrachte Karl in den Niederlanden, wo sein Vater Statthalter des Königs von Spanien war. Nach dessen Absetzung im Spanischen Erbfolgekrieg wurden Karl und seine Geschwister fast wie Gefangene nach Graz gebracht, erhielten aber in Österreich eine gute Ausbildung. Nachdem Max Emanuel 1714 wieder als Kurfürst eingesetzt worden war, konnte Karl eine Bildungsreise nach Italien unternehmen. Mit Prinz Eugen nahm er an der Belagerung Belgrads teil. 1722 sollte die Heirat mit Amalia, der Tochter Josefs I., Frieden zwischen den zerstrittenen Häusern Wittelsbach und Habsburg bringen, bewirkte aber eher das Gegenteil, denn Karl stimmte der Pragmatischen Sanktion nur widerwillig zu.

Als er 1726 Kurfürst von Bayern wurde, ließ er im damals modernen Rokokostil das Schloss Nymphenburg ausbauen und hielt einen glänzenden Hof. Als Karl 1733 dann seine Ansprüche auf das Habsburger Erbe anmeldete, stand ihm seine Frau, wie auch später, tapfer bei. Vorsorglich schloss er Bündnisse mit Frankreich und der Pfalz und zog mit seinen Truppen bis kurz vor Wien. Doch Frankreich lenkte ein, und Karl ging nach Prag, wo er 1741 zum König von Böhmen gewählt wurde. Er war aber klug genug, die Regierung mit Böhmen zu besetzen.

Von Frankreich sowie von Preußen, Köln und Sachsen unterstützt, wurde Karl 1742 zum Kaiser gewählt und von seinem Bruder, dem Kölner Erzbischof, gekrönt. Es war die Erfüllung eines Jahrhunderte alten Traums der Wittelsbacher. Wenige Tage später aber hatten österreichische Truppen Mün-

KARL VII. ALBRECHT

chen eingenommen. Karl konnte seine Hauptstadt zwar bald zurückerobern, doch Bayern blieb teilweise besetzt. Auch war der Kaiser schon lange hoch verschuldet. Nachdem Frankreich die Subventionen gekürzt hatte, wurde die Lage immer hoffnungsloser.

»Eine Schule des Unglücks« umschrieb Friedrich der Große das Leben dieses Kaisers ohne Geld, Macht und Land. Die Kurfürsten waren sich ihrer Macht nach der Wahl eines Nicht-Habsburger noch mehr bewusst, Karl konnte Reformen im Reich kaum durchsetzen. Mit Hilfe seiner Frau gelang eine Annäherung an Österreich. Der Versuch, den englischen König zu gewinnen, konnte aber seine Lage nicht mehr retten. Der sicher begabte, aber überforderte Rokokofürst war zum Spielball Frankreichs geworden. »Vergebt Eurem armen Vater« soll er sterbend zu seinen Kindern gesagt haben.

Allegorie auf die Gründung von Nymphenburg.

FRANZ I. STEFAN

* 8.12.1708 Nancy  1745 † 18.8.1765 Innsbruck
Eltern: Leopold Josef von Lothringen & Elisabeth Charlotte von Orléans

r wurde der Mann einer berühmten Frau – Maria Theresia. Franz Stephan war ohne große Reichtümer zur Ausbildung an den Wiener Hof gekommen und hatte auf der Jagd die Zuneigung des Kaisers und die Liebe seiner Tochter gewonnen. 1729 übernahm er die Regierung in Lothringen. Das alte Herzogtum, immer umkämpft, hatte lange zum Reich und dann zu Frankreich gehört. Bald überließ Franz seiner Mutter die Regentschaft und begab sich auf Reisen. 1732 machte ihn Karl VI. zum Statthalter von Ungarn. Die Hochzeit des schönen jungen Paars – beide hatten aus Liebe geheiratet – war ein glanzvolles Fest. Franz musste allerdings zugunsten von Stanislaus Leszcynski auf Lothringen verzichten. Als er bei der Unterschrift zögerte, drohten ihm die kaiserlichen Minister: »Keine Abdankung, keine Erzherzogin«. Er unterschrieb – und wurde dafür im Tausch 1737 Großherzog der Toskana. Maria Theresia wurde 1740 Königin von Österreich.

Die junge Fürstin hatte schwere Aufgaben vor sich. Sie war gut erzogen, jedoch nicht auf die Tücken der Politik vorbereitet worden. Aber sie lernte schnell. Zur allgemeinen Überraschung stellte sie sich mutig und entschlossen dem Kampf um ihr Erbe. Preußens Ansprüche auf Schlesien lehnte sie eindeutig ab, aber Friedrich der Große, der

FRANZ I. STEFAN

Frauen ohnehin nicht für Menschen hielt, war zum Krieg entschlossen und schon längst losmarschiert. Das völlig unvorbereitete Österreich unterlag. Dies war wie ein Signal für die anderen Fürsten, endlich der Macht der Habsburger ein Ende zu setzen. Man spottete an den europäischen Höfen auch gerne über das Wiener Matriarchat, wo »auf sieben Unterröcke nur eine Hose« komme. Trotzdem reiste Maria Theresia 1741 nach Budapest, wo sie zur Königin gekrönt wurde und die Ungarn als Verbündete gewann.

FRANZ I. STEFAN

Inzwischen waren die Bayern unter Karl Albrecht in Österreich eingefallen, Friedrich II. bis nach Mähren gekommen, die Franzosen standen in Böhmen. Mit Hilfe der Ungarn wurden Linz und Passau wiedergewonnen und München, die Hauptstadt des gerade gewählten Kaisers, belagert.

In den Schlesischen Kriegen wechselten Siege und Niederlagen, die Kämpfe sollten erst 1763 im Frieden von Hubertusburg mit dem endgültigen Verlust Schlesiens beendet werden. Doch Böhmen konnte zurückerobert und Maria Theresia 1743 in Prag gekrönt werden. Franz Stephan war militärisch unbegabt, obwohl ihn der Kaiser noch zum Oberbefehlshaber gemacht hatte. Sein Bruder Karl von Lothringen besiegte 1743 die Franzosen bei Dettingen und erhielt Maria Theresias Schwester Maria Anna zur Frau.

Nach dem Tod Kaiser Karl Albrechts nutzte Maria Theresia die Gelegenheit und schloss mit seinem Sohn Frieden. Er bekam Bayern zurück, verpflichtete sich aber, seine Stimme bei der Kaiserwahl für Franz abzugeben. Auch Friedrich der Große, der Franz »liebenswürdig und unbedeutend« fand, stimmte zu. Das Deutsche Reich existierte ohnehin nicht mehr als funktionierende politische Einheit. Als 1745 die Reise zur Wahl nach Frankfurt anstand, kam es zu einem Streit zwischen den fürstlichen Eheleuten. Maria Theresia wollte sich nicht zur Kaiserin krönen lassen – sie war Königin aus eigenem Recht. Sie setzte natürlich ihren Willen durch. Die schwangere Königin winkte vom Hotelbalkon am Frankfurter Römer mit ihrem Taschentuch ein fröhliches Vivat.

Der Kaisertitel bedeutete kaum noch Macht, war aber ein Prestigegewinn. Inzwischen anerkannt, widmete sich Maria Theresia den dringend nötigen Reformen in ihrem Land, Fürst Wenzel Kaunitz wurde Kanzler. Sie war entschlossen, ihren Völkern einen neuen Krieg zu ersparen. Ohne Zweifel war der geliebte Franz der Mittelpunkt ihres Lebens. Maria Theresia war aber nicht gewillt, die Macht zu teilen, und hielt ihren Mann weitgehend von der Politik fern. Franz hatte keinen großen Ehrgeiz, besaß aber Disziplin und widmete sich zufrieden seinen naturwissenschaftlichen und technischen Interessen.

Seinen 16 Kindern war er ein guter Vater. Mit der großen Politik wäre er wohl überfordert gewesen, er besaß jedoch viel Begabung für Finanz- und Wirtschaftsfragen. 1763 mit der Sanierung der maroden österreichischen

FRANZ I. STEFAN

Staatsfinanzen betraut, gelangen ihm beachtliche Erfolge. Er starb überraschend nach der Hochzeitsfeier für seinen Sohn Leopold III. in Innsbruck. Maria Theresia trug von nun an Trauer.

Franz I. Stefan, umgeben von den Direktoren seiner Sammlungen.

JOSEPH II.

* 13.3.1741 Wien  1764　1765　† 20.2.1790 Wien
Eltern: Franz I. Stefan & Maria Theresia

Nach dem Tod seines Vaters trat Joseph als ältester Sohn die Nachfolge an, stand aber zunächst in der österreichischen Innenpolitik ganz im Schatten seiner Mutter und ihrer mächtigen Berater Haugwitz und Kaunitz. Maria Theresia schien von den Qualitäten ihres Sohnes nicht unbedingt überzeugt. Auch führte seine Außenpolitik – gegen den Willen der Mutter – 1772 zur ersten Teilung Polens. Für die Kaiserwahl hatte Maria Theresia sich die Stimmen Preußens und Bayerns gesichert. Doch wie schon für seinen Vater und Großvater war das Interesse des Reiches dem an seinem Land untergeordnet. Der junge Mann spottete auch über die komplizierte Krönungszeremonie in Frankfurt.

Da Joseph nach dem Aussterben der bayerischen Wittelsbacher Ansprüche auf Niederbayern erhob, kam es 1778 zum Bayerischen Erbfolgekrieg, bei dem Österreich aber nur das Innviertel hinzu gewann, sich jedoch Preußens Feindschaft einhandelte. König Friedrich II., den Joseph bewunderte, organisierte sich 1785 mit den Gegnern Habsburgs im Fürstenbund. Joseph reiste gerne incognito als Graf Falkenstein durch die Lande, was 1780 auch ein Geheimtreffen mit Zarin Katharina II. ermöglichte, bei dem ein Defensivpakt gegen die Türken geschlossen wurde.

Bei der mütterlichen Dominanz war es für den etwas linkischen, aber immer loyalen Sohn nicht einfach, die richtige Frau zu finden. Josephs erste Ehe mit der schönen Isabella von

JOSEPH II.

Bourbon-Parma wurde unerwartet glücklich, die zweite mit Josepha von Bayern war eine Katastrophe. Beide Frauen starben früh an den Pocken. Obwohl Joseph keinen männlichen Erben hatte, weigerte er sich, eine dritte Ehe einzugehen.

Nach dem Tod seiner Mutter konnte Joseph endlich seine eigenen Vorstellungen eines aufgeklärten Absolutismus, wie er es bei Voltaire gelernt hatte, verwirklichen. Der »Revolutionär von Gottes Gnaden« reformierte Wirtschaft und Recht, Verwaltung und Soziales. Er wollte einen vernünftigen Staat, reduzierte die Hofetikette und schaffte den Kniefall ab. Die Schulpflicht wurde eingeführt. 1781 erließ Joseph ein Toleranzpatent für Lutheraner, Reformierte und Griechisch-Orthodoxe, dem im nächsten Jahr ein Toleranzpatent zur Duldung der Juden folgte, das auch die Emanzipationsgesetze im Reich beflügelte. Der Staat wurde über die Kirche gestellt und viele Klöster aufgehoben.

Das später »Josephinismus« genannte Staatskirchensystem erregte den Widerspruch Roms. Zum ersten Mal seit mehr als 300 Jahren verließ ein Papst den Vatikan, doch auch der Besuch Pius VI. konnte Joseph nicht von seinen Plänen abbringen. Die Leibeigenschaft wurde aufgehoben, die Todesstrafe abgeschafft und die Zensur liberaler gestaltet. Doch der Adel und das Volk wurden der vielen Reformen fast überdrüssig, und Joseph selbst nahm unter dem Eindruck der Französischen Revolution später manches zurück, sodass etwa das Spitzelwesen wieder zur Blüte kam.

Beim Volk war der fleißige und sparsame Joseph wegen seines trockenen Witzes beliebt. Er öffnete 1766 den Prater für alle Wiener Bürger als Park, gründete 1784 das Allgemeine Krankenhaus und das Burgtheater. »Hat je ein Kaiser mehr gewollt und rastloser gewirkt?« fragte J. G. Herder in Weimar. Josephs Bild in der Geschichte blieb jedoch umstritten.

MENUETTE UND KAISERWALZER

Viele Habsburger waren musikalisch. Kaiser Maximilian I. reiste immer mit seiner Hofkapelle und gründete eine eigene Musikschule. Auch sein Enkel Karl V. soll die Musik geliebt haben. Ferdinand III., Leopold I. und Joseph I. komponierten, Karl VI. dirigierte sein Hoforchester selbst. Theater und Oper gehörten ohnehin zum fürstlichen Selbstverständnis. Mozart soll als Wunderkind schon 1768 auf dem Schoß von Maria Theresia gesessen haben.

Ihr Sohn Joseph II. fand zwar eher kritisch, dass Mozarts Musik »gewaltig viele Noten« habe, erteilte ihm aber den Auftrag für die Oper »Figaros Hochzeit«. Der Hofdichter Lorenzo da Ponte musste allerdings die Vorlage, das politisch brisante Stück von Beaumarchais, vorher entschärfen. Johann Strauß hatte allerdings keinen Erfolg bei Franz Joseph II., nachdem er im Revolutionsjahr 1848, einen Tag nach der Thronbesteigung des Kaisers, in einem Gasthof die Marseillaise gespielt hatte. Er verweigerte dem »Walzerkönig« 1856 die Ernennung zum Hofballmusikdirektor.

LEOPOLD II.

* 5.5.1747 Schönbrunn bei Wien 1790
† 1.3.1792 Wien

Eltern: Franz I. Stefan & Maria Theresia

Als dritter Sohn wurde Leopold beim Tod seines Vaters Großherzog der Toskana, wo er hauptsächlich Schulden aus dem Medici-Erbe übernahm. Er war der erste Habsburger, der mit seiner Frau, der Infantin Maria Ludovica, auch in Florenz residierte. In 24 Jahren erwarb Leopold sich Verdienste mit Reformen im Geist der Aufklärung – sowohl bei den Steuern als auch in der Wirtschaft, den Schulen und Klöstern. Seine 16 Kinder erzog der liebenswürdige und gerechte Fürst nach den modernen Prinzipien Rousseaus.

Nach dem Tod Josephs II. musste er Florenz verlassen und nach Wien zurückkehren. 1790 wurde er Kaiser. In Österreich stärkte er – im Gegensatz zu seinem Bruder und seiner früheren toskanischen Politik – die nationalen und kirchlichen Interessen. Das 1786 eingeführte neue Strafgesetzbuch brachte jedoch viele liberale Reformen. Leopold reduzierte auch die übermäßige zentralistische Bürokratie seines Bruders.

Es gelang ihm, 1790 mit Preußen, 1791 auch mit der Türkei Frieden zu schließen und Ungarn zu befrieden.

Der Französischen Revolution stand er zunächst zurückhaltend, fast mit Sympathie gegenüber und hielt die »Angelegenheit« für erledigt, nachdem der französische König die neue Verfassung unterschrieben hatte. Erst nach der Verhaftung seiner Schwester Marie Antoinette und ihres Mannes Ludwig XVI. verbündete er sich in Pillnitz mit Friedrich Wilhelm II. von Preußen gegen Frankreich. Leopold starb jedoch, bevor es zum Krieg kam.

Da mittlerweile alle Habsburger untereinander eng verwandt waren, führte die dynastische Heiratspolitik bei den 16 Kindern des Kaisers nun zu unseligen Folgen: Auch päpstliche Dispense schützten die nächste Generation nicht vor den Folgen der Inzucht.

Auftakt zur französischen Revolution: Die Erstürmung der Bastille 1789.

FRANZ II.

* 12.2.1768 Florenz ♛ 1792, 1806 Niederlegung der Kaiserwürde † 2.3.1835 Wien
Eltern: Leopold II. & Maria Ludovica von Spanien-Bourbon

Rechte Seite (oben): Napoleon Bonaparte, Kaiser der Franzosen. (unten): Der Einzug Franz II. in Wien zum Wiener Kongress.

Als die Nachricht von der lange erwarteten Geburt eines Thronfolgers Wien erreichte, stürzte die stolze Großmutter Maria Theresia in die Kaiserloge des Hoftheaters und verkündete dem erstaunten Publikum: »Der Poldl hat einen Buben!« Franz' liberal gesinnter Vater sorgte für eine relativ freie Erziehung, die weitere Ausbildung übernahm der kaiserliche Onkel Joseph II. Franz wurde 1789 Oberbefehlshaber im Türkenkrieg, 1792 König von Ungarn und Böhmen.

In der Kanonade von Valmy, deren Zeuge Goethe war, unterlag Franz gegen Frankreich. 1797 gingen im Frieden von Campo Formio große Teile Italiens verloren. Nach dem Frieden von Lunéville, der den zweiten Koalitionskrieg beendete, musste für die Fürsten des Reiches eine Entschädigung für die verlorenen linksrheinischen Gebiete gefunden werden. Mit diesem »Reichsdeputationshauptschluss« verabschiedete die Reichsdeputation 1803 ihr letztes Gesetz.

Nachdem Napoleon sich in Paris selbst zum Kaiser gekrönt hatte, machte Franz sich auch als Franz I. zum Kaiser von Österreich. Im Reich hatte er so gut wie keinen Einfluss mehr. Die Bildung des Rheinbundes, in dem sich 1806 immerhin 16 deutsche Fürsten vom Reich lossagten und Napoleon unterstellten, wurde zum Anlass, die römisch-deutsche Kaiserkrone niederzulegen und das Reich für aufgelöst zu erklären. So konnte Franz verhindern, dass Napoleon auch diese Krone zufiel.

FRANZ II.

Die Niederlagen in den napoleonischen Kriegen hatten Habsburgs Macht verkleinert. Jetzt residierte Napoleon in Schönbrunn und entwarf eine neue Landkarte Europas. Karls Minister, Fürst Metternich, lavierte politisch zwischen Frankreich und Russland. Da Metternich aus Staatsraison die Kaisertochter Marie Luise 1810 mit dem »korsischen Ungeheuer« verheiratet hatte, trat Österreich erst 1813 der Koalition gegen Frankreich bei. Napoleon wurde schließlich in der Leipziger Völkerschlacht 1813 besiegt und abgesetzt. Franz lehnte jedoch die Wiederherstellung des alten Kaisertums ab.

Auf dem Wiener Kongress gelang es Metternich, die Struktur eines neuen Europa zu etablieren und auch das monarchische Prinzip der verschiedenen deutschen Fürstentümer, von denen Bayern und Baden-Württemberg zu Königreichen geworden waren, zu erhalten. Österreich behielt seine Großmachtstellung. Der aus Elba wieder zurückgekehrte Napoleon wurde 1815 in Waterloo endgültig geschlagen.

FRANZ II.

Unten (v.l.n.r.): Joseph Haydn, Wolfgang Amadeus Mozart, Ludwig van Beethoven.

1815 schlossen der Kaiser von Österreich, der König von Preußen und der Zar von Russland die »Heilige Allianz«, die den status quo erhalten sollte, was Franz, der konservativ und ein penibler Bürokrat war, entgegenkam. Der Kaiser fühlte sich als fürsorglicher Landesvater. Für ihn komponierte Haydn 1797 die österreichische Nationalhymne.

Das Regierungsgeschäft überließ der Kaiser mehr und mehr Metternich, der jede revolutionäre Bewegung im Keim erstickte. Es folgten lähmende Jahre der Reaktion.

Franz war viermal verheiratet, aus der zweiten Ehe mit Maria Theresia von Neapel-Sizilien entsprangen der Nachfolger Ferdinand und zwei unglückliche Kaiserinnen, Napoleons Frau Marie Luise und Leopoldine, die, mit Dom Pedro von Portugal verheiratet, Kaiserin von Brasilien wurde.

WIENER KLASSIK

Nur rund 50 Jahre hat sie gedauert, doch ihre Zeit ist zu einer Epoche der Musikgeschichte geworden: die »Wiener Klassik«. Ihr Name geht darauf zurück, dass ihre drei großen Repräsentanten in Wien lebten, wenngleich keiner von ihnen ursprünglich aus der österreichischen Hauptstadt stammte: Joseph Haydn (1732–1809), Wolfgang Amadeus Mozart (1756–1791) und Ludwig van Beethoven (1770–1827).

Säkularisation, Aufklärung und eine beginnende Toleranz führten auch dazu, dass die bisher einer kleinen gesellschaftlichen Elite vorbehaltene Kunst-Musik Zutritt zu öffentlichen Konzerthäusern, Salons und sogar Cafés erhielt und dort auf eine ihr bisher fremde, bürgerliche Kultur traf. Diese Begegnung beeinflusste auch die Musik: Die weit ausladenden Kompositionen des Barock werden auf einfachere Formen reduziert; die in der Natur zu entdeckende Harmonie soll sich in den musikalischen Werken ebenso wiederfinden wie das Humanitätsideal der Aufklärung. Beispielhaft sind Haydns »Jahreszeiten«, Mozarts »Zauberflöte« und Beethovens Neunte Sinfonie.

FERDINAND I.

* 19.4.1793 Wien 👑 1835 (Österreich), 1848 abgedankt
† 29.6.1875 Prag
Eltern: Franz II. & Maria Theresia von Neapel-Sizilien

Minister Fürst Metternich wollte sowohl am Erbrecht festhalten als auch selber an der Macht bleiben. So wurde der kranke und geistig etwas zurückgebliebene Ferdinand 1830 König von Ungarn, 1836 König von Böhmen, schließlich Kaiser und 1838 in Mailand mit der Langobardenkrone gekrönt.

Es war alles nur Schein – die Politik machten die Staatskonferenz, der Onkel Erzherzog Ludwig und Metternich. Resultat war die politische Stagnation in Österreich. Doch hinter der Fassade biedermeierlicher Gemütlichkeit hatte ein politischer Gärungsprozess eingesetzt, der dem Zeitalter den Namen Vormärz geben sollte, weil er im März 1848 zur Revolution führte. Erst kam es in Galizien zu Unruhen, Böhmen und Ungarn wollten die Selbstständigkeit und vor allem forderte Italien endlich den eigenen Staat. In der Lombardei kam es zu Erhebungen, die Generalfeldmarschall Radetzky niederschlagen sollte.

Ferdinand war all dem nicht gewachsen. Er dankte zu Gunsten seines Neffen Franz Joseph I. ab und zog

FERDINAND I.

sich mit seiner Frau Maria Anna von Sardinien-Piemont in ein komfortables Privatleben auf dem Prager Hradschin zurück.

Metternich ging ins Exil nach England – Franz Josephs Mutter, Erzherzogin Sophie, hatte dafür lange intrigiert. Die Abschiedsworte Ferdinands zu seinem Neffen Franz Joseph wurden sprichwörtlich: »Gott segne Dich, bleib nur brav. Es ist gerne geschehen.«

1848: Militär schießt auf Aufständische in Wien.

Franz Joseph I.

* 18.8.1830 Schönbrunn bei Wien   👑 1848 (Österreich)
† 21.11.1916 Schönbrunn bei Wien
Eltern: Erzherzog Franz Karl & Sophie Friederike von Bayern

Nach der Abdankung seines Onkels musste der 18jährige Franz Joseph sein durch die 1848er Revolution verändertes Land wieder konsolidieren. Dynastie, Armee und Kirche waren die Eckpfeiler der Erziehung des eher musisch unbegabten, militärisch und bürokratisch geprägten jungen Mannes gewesen. Zunächst wurden unter dem Minister Fürst Schwarzenberg mit dem Reichstag auch die Errungenschaften der Revolution liquidiert. 1851 hatte Österreich wieder eine absolutistische Regierung. Aber auch wirtschaftliche Reformen konnten das Bürgertum nicht für die neue Administration gewinnen.

Als politischer Zukunftsplan wurde ein deutsch-österreichisches Großreich mit einem erweiterten Bundestag diskutiert, in dessen Statthalterschaft der Kaiser von Österreich und der König von Preußen sich jährlich abwechseln sollten. Als sich die Herrscher deswegen 1849 in Pillnitz trafen, kam es zu keiner Einigung, sondern stattdessen fast zum Krieg. Josephs schwankende Haltung im Krimkrieg 1854–56 führte zu verschlechterten Beziehungen mit Russland. In den Kriegen um die Einheit Italiens verlor Österreich bis 1859 den Großteil seines italienischen Besitzes. Im Konflikt mit Dänemark um Schleswig-Holstein gerieten Preußen und Österreich wieder aneinander. Die Preußen standen fast vor Wien, in Königgrätz (Sadowa) erlitt Franz Joseph 1866 eine bittere Niederlage. Der Kaiser musste auf jegliche Mitsprache in Deutschland verzichten.

OESTERREICHISCH-UNGARISCHE WAPPENROLLE.

VIRIBUS UNITIS

FRANZ JOSEPH DER ERSTE
VON GOTTES GNADEN
KAISER VON OESTERREICH,
APOSTOLISCHER KÖNIG VON UNGARN,
KÖNIG VON BÖHMEN, DALMATIEN, CROATIEN,
SLAVONIEN, GALIZIEN, LODOMERIEN UND ILLYRIEN;
KÖNIG VON JERUSALEM ETC.

ERZHERZOG VON OESTERREICH, GROSSHERZOG VON TOSCANA UND KRAKAU, HERZOG VON LOTHRINGEN, SALZBURG, STEIER, KÄRNTEN, KRAIN UND DER BUKOWINA, GROSSFÜRST VON SIEBENBÜRGEN, MARKGRAF VON MÄHREN, HERZOG VON OBER- UND NIEDERSCHLESIEN, VON MODENA, PARMA, PIACENZA UND GUASTALLA, VON AUSCHWITZ UND ZATOR, VON TESCHEN, FRIAUL, RAGUSA UND ZARA; GEFÜRSTETER GRAF VON HABSBURG UND TIROL, VON KYBURG, GÖRZ UND GRADISCA, FÜRST VON TRIENT UND BRIXEN, MARKGRAF VON OBER- UND NIEDER-LAUSITZ UND IN ISTRIEN, GRAF VON HOHENEMBS, FELDKIRCH, BREGENZ, SONNENBERG ETC. HERR VON TRIEST, CATTARO UND AUF DER WINDISCHEN MARK. GROSSWOJWOD DER WOJWODSCHAFT SERBIEN ETC. ETC. ETC.

FRANZ JOSEPH I.

Österreich wurde weiter isoliert. Franz Joseph konnte auch keine innere Stabilität erreichen und versuchte nun, die Monarchie wieder zu liberalisieren. Gute Schritte waren ein einheitliches Staatsbürgerrecht und ein neues Zollrecht. Nach dem Tod seines Ministers Schwarzenberg übernahm der Kaiser selbst die Regierung.

1854 hatte Franz Joseph die schöne und extravagante bayerische Prinzessin Elisabeth geheiratet, die im Kino als »Sissi« zu großem Nachruhm kommen sollte. Sie war 1867 am Ausgleich mit Ungarn beteiligt. Die ungarischen Autonomiebestrebungen hatten 1849 zur Absetzung der Habsburger Monarchen geführt – nun wurden Franz Joseph und Elisabeth 1867 in Budapest gekrönt.

Der Plan, auch den Slawen eine begrenzte Selbstverwaltung zu geben, konnte die neue Doppelmonarchie Österreich-Ungarn aber nicht verwirklichen. Unruhen in Serbien, Böhmen und der Slowakei sorgten für weitere Probleme im Vielvölkerstaat und verschärften die Spannungen mit Russland. 1878 war Bosnien annektiert worden (die Konflikte im Balkan führten 1914 in Sarajewo zum Attentat auf den Thronfolger, Franz Josephs Neffen Franz Ferdinand, damit zur österreichischen Kriegserklärung an Serbien und zum Ersten Weltkrieg).

Österreich und Preußen im Krieg: Königgrätz 1866.

FRANZ JOSEPH I.

Franz Joseph I. und seine schöne Kaiserin Elisabeth (»Sissi«).

Der Sohn und Thronerbe Rudolf beging 1889 in Mayerling Selbstmord. Kaiserin Elisabeth wurde 1898 in Genf von einem italienischen Anarchisten ermordet. Sein Bruder Maximilian, Kaiser von Mexiko, wurde 1867 erschossen. Das Unglück bestärkte den Kaiser in seiner pflichtbewusst-militärischen Haltung. Zwei Jahre lang lebte der »letzte Monarch alter Schule« noch nach dem Ausbruch des Ersten Weltkriegs, als fast einzige Vertraute war ihm die Schauspielerin Katharina Schratt geblieben.

Franz Josephs lange Regierungszeit prägte das untergehende Habsburger Reich. Das mächtig gewordene Preußen, zu dem Franz Joseph inzwischen wieder freundschaftliche Beziehungen unterhielt, hatte die führende Rolle in Europa übernommen.

Karl I.

* 17.8.1887 bei Ybbs/Donau ♔ 1916 (Österreich), 1918 Verzicht † 1.4.1922 Funchal/Madeira
Eltern: Erzherzog Otto Franz Josef & Maria Josefa von Sachsen

Der Zusammenbruch der Habsburger Monarchie im Ersten Weltkrieg zeichnete sich schon ab, als der Neffe Franz Josephs I. den Thron bestieg. Wie schon sein Onkel wurde Karl nicht gekrönt. Die Jugend hatte er auf dem Land und in Prag verbracht, bevor er in Wien eine öffentliche Schule besuchte und dann die traditionelle militärische Ausbildung erhielt.

Karl wurde 1916 auch König von Ungarn. In Prag jedoch versuchten Thomas Masaryk und Eduard Benes einen unabhängigen tschechischen Staat zu gründen. Karl versuchte, mit einer Amnestie die Lage in Österreich zu befrieden. Innen- wie außenpolitisch standen ihm aber nur begrenzte Möglichkeiten zur Verfügung. Er bildete sein Kabinett um und übernahm selbst den Oberbefehl über die Truppen.

Karl strebte einen baldigen Frieden an, scheiterte aber kläglich. Sixtus, der Bruder seiner Frau Zita von Bourbon-Parma, verhandelte geheim über einen Sonderfrieden, ohne den deutschen Verbündeten zu konsultieren. Karls Prestige war stark beschädigt, außerdem musste er bei einem Treffen mit Wilhelm II. feststellen, dass der deutsche Kaiser noch immer an den Sieg glaubte.

Nach der Revolution von 1917 dankte Zar Nikolaus II. ab, Russland schied aus dem Krieg aus. Anfang 1918 kam es in Wien zu Streiks, dann meuterte die Marine – im Februar 1918 erkannte Karl die 14 Punkte des amerikanischen Präsidenten Wilson als Grundlage für einen Friedensvertrag an. Damit hatte Karl endgültig das Vertrauen der Verbündeten verloren.

1918 wurde in Paris der selbstständige tschechoslowakische Staat proklamiert, Kroaten, Slowenen und Serben gründeten einen eigenen Nationalrat und dann ein Königreich – noch vor dem militärischen Zusammenbruch löste sich die k.k.-Monarchie auf. Zwar versuchte Karl noch, eine Umorganisation seines Reiches in einen Bundesstaat zu erreichen; es wurde jedoch eine deutschösterreichische Regierung unter Karl Renner gebildet und dem Kaiser ein Dokument vorgelegt, in dem er auf jegliche Beteiligung an den Staatsgeschäften verzichten sollte. Es war keine eigentliche Abdankung, und Karl unterschrieb. Am nächsten Tag erklärte eine provisorische Nationalversammlung Österreich zur demokratischen Republik. Alle Adelstitel wurden abgeschafft.

Karl lehnte einen formellen Thronverzicht ab und emigrierte in die Schweiz. Dort versuchte er 1921 ohne Erfolg, wieder die Regierung von Ungarn zu übernehmen. Er starb kurz nach seiner Verbannung auf Madeira. Seine Frau Zita von Bourbon-Parma und seine acht Kinder hatte ihn begleitet. Mit ihrem Sohn Otto versuchte Zita während der Emigration in Spanien, Belgien und den USA die Interessen des Hauses Habsburg zu wahren, durfte aber erst 1982 nach Österreich zurückkehren.

Karl I. und Zita von Bourbon-Parma: Offizielles Krönungsbild.

WILHELM I.

* 22.3.1797    1861   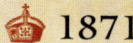 1871   † 9.3.1888
Eltern: König Friedrich Wilhelm III. von Preußen & Luise v. Mecklenburg-Strelitz

Wilhelms Kindheit war vom Unglück der napoleonischen Kriege geprägt. Er wurde streng militärisch erzogen, und seine Mutter Luise meinte, dass ihr zweiter Sohn wie sein Vater »einfach, bieder und beständig« wäre. Der »Kartätschenprinz«, wie er bald genannt werden sollte, wollte 1848 den Berliner Aufstand niederkämpfen, musste stattdessen aber nach England emigrieren. Im Sommer nächsten Jahres unterdrückte er dann den badisch-pfälzischen Aufstand. Er wurde anschließend Generalgouverneur der preußischen Rheinlande und residierte mit seiner Frau Augusta von Sachsen-Weimar-Eisenach in Koblenz. Als sein Bruder König Friedrich Wilhelm IV. erkrankte, übernahm er 1858 die Regentschaft in Berlin. Nach dessen Tod krönte er sich 1861 in Königsberg selbst zum König.

Der 63-Jährige kam jedoch nicht, wie von vielen erhofft, mit liberalen Ideen, sondern vertrat wieder das alte monarchische Gottesgnadentum. Seine Frau Augusta war von einem liberalen Hof geprägt – Wilhelm dachte nüchtern und konservativ, ganz in der soldatischen preußischen Tradition, und konnte die Befugnisse seines Parlaments nicht akzeptieren. Da die Liberalen Roons Heeresreform ablehnten, suchte Wilhelm Unterstützung. Er fand sie 1862 mit der Berufung Otto von Bismarcks zum Ministerpräsidenten. Seine liberale Frau Auguste, die von Bismarck immer nur als »Otto der Große« sprach, war dagegen.

WILHELM I.

HOHENZOLLERN

Fast gleichzeitig mit dem Aufstieg der Habsburger rückten die Zollern in Schwaben ins Blickfeld der Geschichte. Seit 1191 Burggrafen von Nürnberg, seit 1415 Kurfürsten und Markgrafen von Brandenburg, gewannen sie, protestantisch geworden, an Macht und Einfluss. Friedrich Wilhelm aus der brandenburgisch-preußischen Linie wurde 1701 König in Preußen. Seit 1772 Könige von Preußen, kamen die Hohenzollern immer wieder in Konflikte mit Habsburg. Preußen, das inzwischen auch Sachsen überrundet hatte, schuf sich in der ersten Hälfte des 19. Jahrhunderts durch die Reformen des Reichsfreiherrn Karl vom und zum Stein (1757-1831) und des Staatskanzlers Karl August Freiherr von Hardenberg (1750-1822) die Voraussetzungen für einen modernen Staat. Als nach dem Ende des Heiligen Römischen Reiches Deutscher Nation der Partikularismus zunahm, die Revolution sich 1848 nicht durchsetzen konnte, hatte das starke Preußen zwar viele Gegner, doch der allgemeine Wunsch nach einer neuen nationalstaatlichen Organisation und die geschickte Politik Bismarcks brachten den Hohenzollern nun die Kaiserkrone.

Oben: Die Krönung Wilhelms I. in der Schlosskirche zu Königsberg.

Unten: Der König und der »Eiserne Kanzler«: Wilhelm I. und Bismarck in Babelsberg.

WILHELM I.

Nachdem Österreich im Deutschen Krieg 1866 in Königgrätz unterlegen war, stellte Wilhelm hohe Forderungen. Der Kanzler, immer um ein europäisches Gleichgewicht der Mächte bemüht, plädierte für Mäßigung. Kronprinz Friedrich, sonst ein Gegner Bismarcks, gelang der Kompromiss.

Anlass für den Konflikt mit Frankreich war die spanische Thronkandidatur des Prinzen von Hohenzollern-Sigmaringen. Die Verwicklungen um die »Emser Depesche«, die von Bismarck sinnentstellend verkürzte Nachricht über eine Unterredung des Königs mit dem französischen Gesandten, provozierte Frankreich 1870 zur Kriegserklärung. Preußens Vormarsch gelang schnell, und Wilhelm I. nahm im selben Jahr die Kapitulation Napoleons III. in Sedan persönlich entgegen. Bismarck drängte auf Friedensverhandlungen, da er ein Eingreifen Englands befürchtete.

Gleichzeitig mit den Waffenstillstandsverhandlungen in Versailles war der Deutsche Bund um die süddeutschen Staaten erweitert worden. Auch wenn wohl nationale Mythen und Machtträume eine Rolle spielten, mussten vorher alle Fürsten gewonnen werden. Sie brauchten alle Geld, vor allem der bayerische König Ludwig II. für seine Schlösser. Bismarck opferte gerne seinen »Reptilienfonds«, den Fundus, den er üblicherweise zur Bekämpfung innenpolitischer Gegner und feindlicher Agenten einzusetzen pflegte.

Aber Wilhelm zögerte zunächst, da er den Untergang Preußens in einem Kaiserreich fürchtete. Zudem besaß für ihn der neue Rang nicht genug reale Macht, um dafür seinen guten Namen herzugeben. Bismarck hielt das für fürstliche »Kinkerlitzchen«. Die feierliche Proklamation des Kaisers fand im Spiegelsaal von Versailles statt.

Dem weißhaarigen und würdigen Kaiser wurde bald große Achtung entgegengebracht, auch in Süddeutschland, wo man ihn bisher für eine Marionette Bismarcks und einen beschränkten Militär gehalten hatte. Wilhelm war bis ins hohe Alter aktiv.

Die Kriege Russlands auf dem Balkan wollten aber weder Bismarck noch der Kaiser unterstützen. Allerdings erkannte der Kaiser nicht, dass sein Neffe, Zar Nikolaus II., der Lage nicht ganz gewachsen war. Als Bismarck auf dem Berliner Kongress den Balkankonflikt entschärfen wollte, kühlten sich die politischen und familiären Beziehungen ab. Mit Österreich wurde im Zweibund 1879 wieder zu einer gute Zusammenarbeit gefunden.

GRÜNDERZEIT

Der Revolution von 1848/49 folgte auf der politischen Ebene eine Restaurationsepoche; zugleich aber begann eine Phase wirtschaftlichen Aufschwungs, die innerhalb eines Vierteljahrhunderts aus Deutschland ein anderes Land machen sollte. In der revolutionären Zeit nicht investiertes Agrar- und Handelskapital in enormer Größe traf zusammen mit ausländischen Investitionen, die durch die amerikanischen Goldfunde möglich geworden waren. Industrie und Banken expandierten in ganz Europa; Aktiengesellschaften entstanden, in denen viele kleine Kapitalien zusammengeführt wurden, ohne dass deren Eigner eine persönliche Haftung für die Unternehmenstätigkeit befürchten mussten. Niemals wurden in Deutschland bei derart geringem Risiko vergleichbar hohe Gewinne erzielt. Eisenbahn- und Maschinenbau, Textil- und Chemieindustrie waren die Hauptträger dieser atemberaubenden Wirtschaftsentwicklung. Der Börsenkrach von 1873 stürzte dann das ganze Land in eine tiefe Krise: Stagnation, Arbeitslosigkeit und durch soziale Not verursachte Auswanderung arbeitsfähiger Männer und ihrer Familien gruben sich tief in das nationale Gedächtnis ein; mit einem Wort des Historikers Michael Stürmer: »Dem Gründerkarneval folgte radikale Aschermittwochsstimmung«. Zwanzig Jahre sollte es dauern, bis eine neue Aufschwungphase einsetzte, die bis zum Ersten Weltkrieg anhielt.

WILHELM I.

Es war Wilhelm ein Dorn im Auge, dass Bismarck seit 1867 im Parlament nur mit Hilfe der Nationalliberalen regieren konnte; auch dessen antikirchliche Tendenzen billigte er nicht. Doch die Wirtschaft boomte, während der Kaiser relativ bescheiden im Palais Unter den Linden residierte. Hart gegen sich selbst, schlief er auf einem Feldbett und lieh sich nur gelegentlich im Hotel Adlon eine Badewanne aus. Bis zuletzt wollte er seine Pflicht erfüllen – bei der Grundsteinlegung für den Nord-Ostsee-Kanal zog sich der alte Herr eine Erkältung zu, an der er wenig später starb.

Oben: Medaille zum 100. Geburtstag Wilhelms I.
Unten: Die feierliche Kaiserproklamation im Spiegelsaal von Versailles.

Friedrich III.

* 18.10.1831 Potsdam 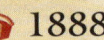 1888   † 15.6.1888

Eltern: Wilhelm I. & Augusta von Sachsen-Eisenach-Weimar

ilhelms einziger Sohn war eine strahlende Heldengestalt und die Hoffnung aller Liberalen.

Er heiratete 1858 in London Victoria, die Tochter der englischen Königin Victoria, die sich in konservativen Kreisen bald unbeliebt machte. Pflichtbewusst schenkte sie ihrem Mann acht Kinder, doch ihr Ältester, der Thronfolger, war mit einem Geburtsschaden geschlagen und sollte seine Mutter sein Leben lang hassen. Auch Bismarck war gegen die Ehe, weil er um die guten Beziehungen zu Russland fürchtete. Doch der Kanzler und der Kronprinz näherten sich einander wieder an.

Als Friedrich dann aber endlich den Thron bestieg, war er schon längst unheilbar an Kehlkopfkrebs erkrankt. Er blieb nur 99 Tage Kaiser.

Rechts: Die »Drei-Kaiser-Familie«: Friedrich III. (stehend hinten); vorn rechts sitzend sein Vater Wilhelm I. mit dem Thronfolger, dem späteren Kaiser Wilhelm II.

Wilhelm II.

* 27.1.1859 👑 1888, 1918 abgedankt
† 4.6.1941 Doorn, Niederlande
Eltern: Friedrich III. & Victoria von England

Wilhelm wurde trotz seines Geburtsfehlers – der linke Arm war verkrüppelt – spartanisch streng erzogen. In Kassel machte er sein Abitur und studierte dann in Bonn einige Semester Jura. Unerwartet früh und mit großem Tatendrang bestieg er seinen Thron. Da er sich mit seiner Mutter überhaupt nicht vertrug und eine eigene Hofhaltung beanspruchte, heiratete er 1881 ohne lange zu überlegen Auguste Viktoria von Schleswig-Holstein-Sonderburg-Augustenburg.

Als Wilhelm 1888 an die Macht kam, urteilte der österreichische Thronfolger Rudolf hellsichtig: »Er dürfte schon bald die größte Konfusion in Europa anrichten, denn dafür ist er der geeignete Mann. Er hält sich selbst für ein großes Genie – mehr kann man nicht verlangen«.

Politisch geriet Wilhelm bald in Konflikt zu Bismarck, dessen sozialpolitische Initiativen dem monarchischen Selbstverständnis des Kaisers nicht entsprachen. Bismarck hatte mit den Februar-Erlassen die neue Klasse der Arbeiter von der Sozialdemokratie entfernen und an den Staat binden wollen. Der Kanzler musste 1890 zurücktreten. Die schnelle Industrialisierung konnte aber den Erfolg der Sozialdemokratie nicht aufhalten. Und die Bedeutung des von Wilhelm verabscheuten Reichstags nahm ständig zu.

Wilhelms Außenpolitik wies nur wenig Stetigkeit auf. So erneuerte er den Vertrag mit Russland nicht und verprellte England, mit dem er zunächst ein Bündnis gesucht hatte, mit seiner Kolonialpolitik. Das Deutsche Reich wurde zunehmend isoliert, auch durch die verfehlte Flottenpolitik von Admiral Tirpitz.

WILHELM II.

Hinzu kam, dass Wilhelm gerne Phantasie und Wirklichkeit verwechselte. Von der Krüger-Depesche und dem Interview mit dem Daily Telegraph bis zur »Hunnen-Rede« an seine Truppen auf dem Weg nach China zeigte sich immer mehr seine aggressive Rücksichtslosigkeit und taktlose Unbesonnenheit, was die Situation nur verschärfte. Zunehmend vertrat er unrealistische absolutistische Ideen und wechselte seine Kanzler. Seine säbelrasselnde Naivität und die manchmal fast größenwahnsinnigen Attitüden verschreckten nicht nur das Ausland nachhaltig.

Im Nachhinein scheint die Hochzeit seiner Tochter Auguste Viktoria mit dem Welfen Ernst August 1913 als pompöses Abschiedsfest der Monarchie, bei dem kaum ein europäischer Fürst fehlte.

Über Deutschlands Eintritt in den Ersten Weltkrieg sind noch heute die Meinungen geteilt. Als die Verluste zunahmen, verlor Wilhelm als oberster Feldherr trotz seiner kurzfristig zündenden Rede »Ich kenne keine Parteien mehr, ich kenne nur noch Deutsche« immer mehr an Prestige. Jetzt hatten die Generäle Hindenburg und Ludendorff das Sagen.

WILHELM II.

1917 versprach Wilhelm zwar eine Reform des alten Drei-Klassen-Wahlrechts, doch nachdem sich die Niederlage an allen Kriegsfronten abzeichnete, waren Aufstände nicht mehr aufzuhalten. Nach dem Ausbruch der Novemberrevolution gab Reichskanzler Max von Baden den Rücktritt des Kaisers bekannt. Am 9. November wurde Friedrich Ebert Reichskanzler, drei Monate später wählte ihn die Weimarer Nationalversammlung zum Präsidenten. Deutschland war eine Republik geworden.

Ein Auto brachte den abgedankten Kaiser ins Exil nach Holland; in 58 Güterwaggons wurde das pompöse Zubehör des kaiserlichen Haushalts hinterhertransportiert. Nach dem Tod seiner Frau Auguste Viktoria heiratete Wilhelm in Doorn Hermine von Reuß. Er starb 1941 und wurde auf Anordnung Adolf Hitlers mit militärischen Ehren beigesetzt.

Wilhelm hat seine Fähigkeiten immer überschätzt, er blieb unreif und schien manchmal »jede Dimension verloren« zu haben, wie schon Zeitgenossen kritisierten. Wenn er auch zu den bildenden Künsten ein eher gestörtes Verhältnis hatte, so spielte er doch eine glückliche Rolle bei der Förderung von Wissenschaft, Technik und Industrie. Unter seine Ägide entstand die Staatsbibliothek Unter den Linden; die heutige Max-Planck-Gesellschaft geht auf seine Gründung zurück.

> **INDUSTRIE**
> Die Erfindung der Dampfmaschine durch James Watt im Jahre 1756 hat die Welt mehr verändert als alle Kaiser und Revolutionen. England war mit der industriellen Entwicklung dem übrigen Europa weit voraus, doch ab der Mitte des 19. Jahrhunderts holte Deutschland auf. 1826 übernahm Alfred Krupp die marode kleine Gussstahlfabrik, die sein Vater gegründet hatte. Er machte daraus ein riesiges Unternehmen der Schwer- und Rüstungsindustrie, das zum nicht immer positiven Symbol Deutschlands wurde. Bethel Henry Strousberg baute Eisenbahnen in Preußen und bis nach Rumänien, musste aber 1875 einen spektakulären Konkurs anmelden. Es waren Gründerjahre, und Kaiser Wilhelm II. verkannte die Entwicklung nicht. »Er öffnete der Hochfinanz die Türen zum Weißen Saal im Schlosse an der Spree weiter als seine Vorgänger«, berichtet ein Zeitzeuge, »und sah es als eine seiner Herrscherpflichten, den Wünschen von Millionären nach Auszeichnungen – Orden und Adelsbriefen – entgegenzukommen«. Ein Millionär lehnte die Ehrung allerdings ab: Werner Siemens wollte nicht Kommerzienrat werden, da er sich mehr als Gelehrten und Techniker denn als Kaufmann betrachtete; er sei schon Dr. h. c. und Premierleutnant – von noch mehr Titeln bekäme er nur Leibschmerzen. Später wurde er doch geadelt.

Links: Wilhelm II. im Exil in Doorn.

Die Deutsche Bibliothek verzeichnet diese Publikation in der
Deutschen Nationalbibliografie; detaillierte bibliografische Daten
sind im Internet über http://dnb.ddb.de abrufbar.

Titelbild: Albrecht Dürer, Kaiser Karl der Große (1512)
Frontispiz: Die kaiserliche Familie auf der Schönbrunner Schlossterrasse;
Kaiser Franz I. Stefan mit Maria Theresia und ihren Kindern
(Gemälde von Martin van Meytens)

Sonderausgabe für Parkland Verlag, Köln 2003
© 2003 I. P. Verlagsgesellschaft
International Publishing GmbH, Germering/München
Redaktion: Dr. Rainer Schöttle, Neufinsing b. München
Satz, Layout und Umschlaggestaltung:
Dagmar Herrmann, Grafik und Buchherstellung, Köln
Gesamtherstellung: I. P. Verlag

ISBN 3-89340-044-3

Verlag und Redaktion danken den Mitarbeiterinnen und Mitarbeitern von
akg-images, Archiv für Kunst und Geschichte, Berlin, sowie von Kangaroobooks,
San Giorgio Salici, für die Recherche nach Abbildungen und die Bereitstellung
der Reproduktionsvorlagen.